LA

CHINE INCONNUE

PARIS — IMPRIMERIE DE L'ART

E. MÉNARD ET J. AUGRY, 41, RUE DE LA VICTOIRE

LA CHINE INCONNUE

PAR

MAURICE JAMETEL

Élève diplômé de l'École des langues orientales vivantes
Lauréat de l'Institut de France, Officier d'académie, attaché à la rédaction
du « Courrier de l'Art »

QUATRIÈME ÉDITION

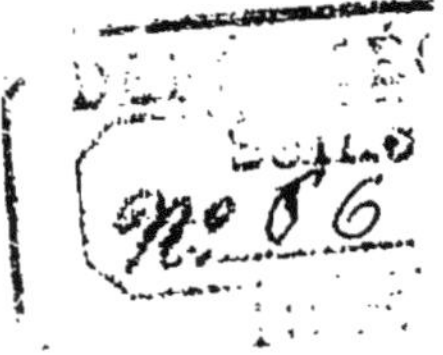

PARIS

LIBRAIRIE DE L'ART

J. ROUAM, ÉDITEUR

29, CITÉ D'ANTIN, 29

1886

PREMIÈRE PARTIE

LA CHINE DES POTICHES

CHAPITRE PREMIER

Brocanteurs jaunes. — Le Temple de Pékin.

Les Européens qui vivent à Pékin n'y trouvent
guère de ressources, au point de vue des distractions. Les étrangers y sont rares, soixante
tout au plus ; la société chinoise leur est absolument fermée ; les relations avec les mandarins
se bornent à des entrevues officielles, et les
nouvelles d'Europe arrivent si lentement dans
la capitale des Fils du Ciel, qu'elles paraissent
comme les échos lointains d'un autre monde,
dont la vie ne vous intéresse plus que fort peu.
Aussi l'existence y serait-elle des plus tristes
sans la grande ressource qu'offre Pékin, contre
les atteintes du spleen, sous la forme de curio-

1

sités de toute espèce, vieux livres, vieilles potiches, vieux ivoires, vieux émaux et même vieux habits. Du matin au soir, dans les petits cercles que forment les Européens, on ne parle que de famille verte, famille rose, émaux peints, cloisonnés.

Après le déjeuner, les commis des grandes boutiques viennent chez vous avec une cargaison d'objets, dans l'espoir qu'une bonne digestion vous rendra plus accessible à l'admiration, et plus facile à *mettre dedans*, manœuvre tout aussi connue des brocanteurs pékinois que de leurs collègues d'Occident. Puis, tout en étalant devant vous leur boutique ambulante, ces *commis-voyageurs* de la brocante ne manquent jamais de vous inviter, au nom de leur patron, à aller admirer, dans son arrière-boutique, des pièces rares qu'il réserve à ses *meilleurs clients*, tels que l'interlocuteur auquel ils transmettent cette invitation.

Les marchands qui viennent ainsi vous tenter, juste au sortir de table, n'ont point tous boutique ouverte. Quelques-uns sont des petits commerçants, sans grands capitaux, qui ne font

que la commission, cherchent chez les particuliers les belles pièces et vous les apportent, une
par une. Presque toujours, ils les prennent seulement à condition, contre le dépôt d'une certaine somme. Aussi avec eux l'amateur ne peut
se fier qu'à sa propre expérience : c'est à prendre
ou à laisser, car jamais le marchand ne consen-
tira à abandonner entre vos ·mains un objet qui
ne lui appartient pas, et dont il doit rendre
compte à son propriétaire. Mais ce n'est pas
seulement avec les particuliers que ces commis-
sionnaires trouvent à faire de bonnes affaires;
ils ont encore pour spécialité de servir d'intermédiaires entre les Européens et les marchands
de bibelots chez qui ces derniers ne vont pas,
soit parce que, fréquentées uniquement par des
Chinois, ces boutiques ne renferment qu'un petit
nombre des objets que nous collectionnons, perdus dans un fatras de choses sans valeur à nos
yeux; soit, le plus souvent, parce que chez le
propriétaire du magasin la crainte que lui inspi-
rent les « diables aux poils rouges [1] » est plus

1. Poils rouges pour cheveux rouges ; expression injurieuse
qui fait allusion aux teintes blondes et rousses que l'on ren-

forte que son amour du gain, ce qui fait qu'il vous reçoit fort mal ou que, bien convaincu de votre bêtise, il vous demande des prix les plus extravagants.

Il pourra paraître extraordinaire qu'il y ait dans cette bonne Chine, dont les habitants sont si sensibles au gain, des marchands qui se refusent à faire des affaires, même d'or, avec des Européens, et cependant j'appris par expérience qu'il en était encore ainsi en 1878.

Pendant l'été de cette année-là, je fus durant deux mois le seul Français habitant Pékin. Tous mes semblables l'avaient fui pour échapper à une affreuse épidémie de typhus. J'en étais donc réduit à errer tout le jour, en tête-à-tête avec moi-même, dans les rues de la ville des Fils du Ciel, ce qui me permettait de tenter toutes sortes d'expériences, sans craindre les sages avis d'un prudent compagnon. Ainsi, un jour que je revenais d'une excursion à la grosse cloche qui est au nord-est de Pékin, je fus pris du désir de visiter seul les quartiers qui s'étendent autour

contre souvent parmi nous, tandis qu'à la Chine, le brun le plus pur est seul connu.

de la tour du Tambour et qui sont peu fréquentés par les étrangers. La chaleur était étouffante : un soleil de deux heures dardait ses rayons bien d'aplomb sur mon casque indien ; voitures et passants soulevaient des nuages de poussière qui transformaient l'atmosphère en une fournaise.

L'idée me vint alors de passer dans le quartier deux ou trois heures à visiter les boutiques, afin de laisser au soleil le temps de terminer sa carrière. Je descendis de cheval et je le renvoyai à l'écurie sous la conduite de mon ma-fou, — palefrenier et écuyer. Puis, une fois seul, j'entrai, avec l'aplomb d'un homme qui connaît toutes les finesses de la langue de Confucius, dans la première boutique de curiosités que je rencontrai.

J'entre. Personne ne vient me recevoir à la porte. Deux Chinois, — sans doute les patrons, — qui causent assis sur des tabourets, se mettent à me regarder, surtout à m'épier, d'une façon fort peu sympathique, tandis que, sans me laisser déconcerter par la froideur de leur accueil, j'examine les bibelots.

Je suis chez un vrai brocanteur, dans le quartier du *Temple* de Pékin, tandis que les boutiques où vont généralement les étrangers sont, à cette ville, ce que sont les magasins du quai Voltaire à notre Paris. Ici il y a de tout, même cette senteur particulière qui se dégage de la vie chinoise, vous imprègne et vous poursuit après bien des années d'absence de l'Empire du Milieu. Du reste, rien d'étonnant à ce que cette senteur remplisse la boutique où se trouvent réunis tous les éléments qui lui donnent naissance : des meubles de Canton en bois rouge odorant, des pains de véritable encre de Chine avec une forte odeur de musc, et la mèche en fiente de chameau, mêlée de sciure de bois de santal, qui brûle dans un réchaud.

Il y a aussi là tout l'attirail d'un mandarin : boutons de toutes couleurs, insignes des grades, grosses lunettes aux yeux ronds, renfermées dans des étuis en peau de requin, éventails et nécessaires de table contenant deux bâtonnets d'ivoire et un petit couteau, tout cela renfermé dans des étuis, afin de pouvoir être porté à la ceinture.

Quant aux meubles, ils sont aussi bien chinois.
Ce sont des armoires, de vastes bahuts tout couverts d'armures de cuivre pour les défendre
contre les voleurs, des fauteuils carrés, au siège
en canne, et dont le dossier est orné d'un petit
rond de marbre : voilà pour le nécessaire. Le
superflu, de son côté, est représenté par de
petits écrans de table que la patience d'un ouvrier asiatique a décorés de fleurs, formées à
l'aide de centaines de petits morceaux de pierres
de différentes couleurs ; de petits arbres en
miniature, aux branches vernies dépourvues de
feuilles, précieusement conservés sous un globe,
comme les couronnes de fleurs d'oranger de nos
villageoises.

Dans tout ce fouillis j'avise un objet fort ori-
ginal : c'est un sabre, semblable comme forme
au glaive romain, formé par la réunion de quantité de sapèques, — sous chinois, — reliées les
unes aux autres à l'aide d'un fil de fer qui traverse le trou carré percé dans le milieu. Chez
les Chinois, cette arme bizarre tient lieu de la
branche de corail ou de la tête de mort des
Napolitains ; comme elles, elle a le pouvoir de

détourner le *male occhio* chinois, ce qui lui donne une grande valeur aux yeux des indigènes. Je marchande cette amulette. Son propriétaire, sans même se donner la peine de se lever, me répond :

— Huit cents francs.

Ce prix était tellement insensé qu'il constituait une véritable injure pour moi. Je m'en aperçus bien ; mais au lieu de me montrer vexé, je fis tout le contraire.

— C'est bien bon marché, lui dis-je avec le plus grand sang-froid, mais trop cher pour ma bourse. N'en auriez-vous pas une plus petite ?

— Non. Vous autres, *porteurs de tributs*[1], vous n'avez que faire de cela.

Après cette réponse, je n'avais plus qu'à me retirer. Je passai à une autre boutique : mêmes objets et surtout même accueil. Cependant mieux valait encore cela que de chevaucher en plein soleil dans un nuage de poussière.

---

1. Dans l'esprit des populations pékinoises, les légations étrangères, qui résident dans la capitale de la Chine, y sont envoyées par les pays tributaires des Fils du Ciel pour offrir un tribut annuel à ce dernier. Presque toujours les indigènes n'emploient le terme *porteur de tribut* que dans un sens injurieux.

Dans chaque maison, je ne faisais qu'entrer et sortir. Cependant, dans l'une d'elles, le marchand, un peu endormi, me reçut moins mal que ses voisins; puis il y avait, mêlée au parfum de bois odorant, de musc et de santal que j'aime tant, une légère trace de vapeur d'opium qui invitait au repos. L'opium avait chez mon homme développé ses sentiments de fraternité, car il me reçut fort bien. Je m'assis en face de lui et, pendant qu'il me racontait histoire sur histoire, j'examinai une jolie statuette en bronze, représentant un jeune homme portant sur sa tête une large feuille qui servait de support à un petit miroir métallique. Dans son style, la statuette n'avait rien de chinois; elle me rappela le fameux Télémon du musée de Velletri, qui supporte, lui aussi, un miroir. Comme lui, il avait une inscription gravée sur la poitrine; mais, au lieu de porter le nom de la fameuse déesse étrusque, Sulhina, qui présidait à la santé, il portait une courte inscription en vers qui faisait allusion au miroir qu'il supportait.

Ce travail chinois, de genre étrusque, me plaisait énormément; mais lorsqu'il s'agit d'en discuter le prix, je vis bien vite que mon fumeur d'opium, quoique mieux doué que ses collègues sous le rapport de l'urbanité, n'en était pas moins convaincu, comme eux, de l'imbécillité innée des *diables aux poils rouges*, car il me demanda une somme insensée pour ce bibelot sans valeur artistique aucune.

———

CHAPITRE II

Tcheng et ses potiches.

Maintenant que j'ai décrit le *Temple pékinois*, fermé aux infidèles, je vais conduire le
lecteur dans les régions plus hospitalières du
quai Voltaire de la capitale des Fils du Ciel.
Là, votre peau blanche vous procure un excellent
accueil de la part de l'obséquieux boutiquier,
qui vous traite peut-être de diable, de porteur de
tribut, etc., etc., derrière votre dos, mais qui
trouve trop de profit à vous fréquenter, pour
avoir la bêtise de vous jeter à la face de semblables injures.

Les marchands de bibelots ne sont point,
comme les bouquinistes, confinés dans un même
quartier; il y en a un peu partout : dans la ville
chinoise, dans la ville tartare et jusque dans les
faubourgs. Cependant les plus belles boutiques
se trouvent en grand nombre dans les environs
de Léou-li-tchang, le quartier des bouquins dans

la ville chinoise ; le long de la grande rue de Ha-ta-meun, qui fait suite à la porte de ce nom ; et aux abords de Long-fou-seu, un vaste temple de la ville tartare dans la cour duquel se tient un marché trois fois par mois. Comme dans l'excursion que je vais raconter je n'avais en vue que la céramique, la direction à prendre fut facile à fixer. Je me rendis chez Tcheng, le plus grand marchand de potiches de Pékin, dont la petite boutique, fort pauvre d'apparence, ainsi que toutes les bonnes maisons, est tout près des remparts.

A l'extérieur, la devanture, formée de carreaux en papier de Corée, ne laisse en rien deviner que la boutique de Tcheng renferme des trésors plus ou moins authentiques. Seulement, dès qu'on a ouvert la petite porte, la vue de Tcheng lui-même suffit pour vous convaincre que vous avez affaire à un négociant sérieux, qui manie aussi habilement les écus que les bibelots. Figurez-vous un gaillard de six pieds, à la bedaine rebondie, signe certain que son possesseur n'a point à souffrir de la faim ; une face imberbe, luisante et réjouie, vient confirmer la première impression. Une belle robe de soie brune bien propre et un front rasé de frais complètent cette physionomie d'un notable commerçant de Pékin.

Il me reçoit, ou plutôt il reçoit mes piastres, avec une amabilité charmante.

— Comment va le *grand vieil aïeul* [1] aujourd'hui ? A-t-il bien dîné ?

Ces deux questions constituent une manière polie de connaître ma disposition d'esprit et la bonne volonté avec laquelle je me livrerai à ses entreprises commerciales.

— Vous venez à point : j'ai justement de vrais objets anciens qu'on m'a apportés hier du Chan-Tong, ajoute-t-il, pour pousser à fond son étude de mes dispositions.

Tout cela est dit d'un air réjoui, ce qui n'est point étonnant, car Tcheng gagne gros, chaque année, à vendre cher aux Européens des vieilleries qu'il achète pour rien. Mais, pour lui rendre justice, il faut reconnaître que la direc-

---

1. Expression chinoise plus respectueuse que notre *monsieur*, et que l'on donne aux personnes qui n'ont point droit au titre d'Excellence.

tion d'une maison comme la sienne n'est point sans difficultés. D'abord, il a à choisir et à surveiller les agents qu'il envoie jusqu'au fin fond de l'Empire du Milieu pour y rechercher de belles choses; puis, il lui faut faire arranger, à l'aide d'un truquage habile, les pièces que le temps a trop endommagées. Enfin, au milieu de toutes ces occupations, il doit encore trouver le temps de faire un tour chez ses clients européens afin d'écouler avantageusement ses marchandises, le seul moyen pour lui de faire des bénéfices et de vivre en paix avec ses *associés morts,* c'est-à-dire avec les commanditaires qui lui fournissent les cinq ou six cent mille francs nécessaires à son commerce. Cette association des capitaux, sous la direction d'un homme habile, est très usitée en Chine où elle tient lieu de nos innombrables sociétés anonymes, en commandite, etc.

Dès que Tcheng apprend que je viens faire un *tour de potiches,* il me propose aussitôt de me conduire chez lui, à deux pas de là, où il a en magasin un fort bel assortiment de Ming, de Kang-chi et de Kien-long. Nous sortons; il me conduit dans sa maison, dans un de ces

passages que les Pékinois appellent hou-tong,
qui ne sont point aussi larges que nos rues,
mais qui ont cependant un air de respectabilité
auquel notre terme *ruelle* s'appliquerait fort
mal. Pour trouver l'équivalent de ces voies
pékinoises, il faut aller à Naples, où les innombrables *vici* vous donnent bien l'idée *d'une rue
qui n'en est point une.*

A notre entrée, deux ou trois marmots s'en-
fuient *poliment;* je dis poliment, car ils s'abs-
tiennent de s'écrier, comme bien de leurs cama-
rades, en m'apercevant : Un diable! un diable!
Je vais m'asseoir sur un fauteuil en bois, dans
une grande pièce que le beau soleil de janvier
inonde de sa clarté. Sur des gradins, des trésors
de l'art céramique sont entassés dans un dé-
sordre charmant. Les Kouan, aux larges panses
couvertes de bouquets, font si bien ressortir les
formes élancées des potiches couvertes de mandarins, et des vases à balustre d'un beau flambé!
Là une belle bouteille à décor bleu dresse son
long col. Ici un gros Boudha, en bleu turquoise,
qui semble se prélasser dans cette orgie de
lumière et de couleur, étale au soleil sa bedaine

luisante et sa face réjouie, à la bouche immense.

Maintenant commencent les affaires sérieuses. Chaque pièce de la boutique est apportée successivement sur la petite table qui est près de moi, puis examinée en tous sens, grattée, frappée, admirée quelquefois, marchandée plus rarement encore. A Pékin, les mœurs des brocanteurs ne sont point plus patriarcales que celles de leurs collègues d'Occident. Ils savent, eux aussi, fort bien truquer, trop bien même pour les pauvres amateurs pékinois qui bibelotent par désœuvrement bien plus que par conviction. Il y a bien cependant parmi eux des collectionneurs, comme le docteur Bushell, de la légation d'Angleterre, M. Billequin, du collège de Tong-Ouen, qui pourraient rendre des oracles presque aussi bons que ceux de nos maîtres, les Gasnault, et les Bing ; mais ce sont là des exceptions qui confirment la règle. La majorité des collectionneurs s'en fient donc à leur goût bien plus qu'à leurs connaissances et à leur expérience, ce qui fait que des trucs, qui sembleraient enfantins à nos experts d'Occident, constituent, à l'autre bout de l'Asie, d'excellents pièges où on laisse ses piastres bon gré mal gré.

La contrefaçon des nien-hao et des miao-hao, qui constituent les marques des porcelaines et dont M. Du Sartel a donné une excellente liste dans son ouvrage sur la « Porcelaine de Chine », est un truc fort peu employé à Pékin même, et pour cause. Qui de nous — je parle des personnes qui ont passé quelques années dans cette ville — n'a vu un mendiant en haillons manger du riz cuit à l'eau dans un bol ébréché *battant neuf*, qui n'en portait pas moins sur son fond l'orgueilleuse devise de la dynastie des Ming : « Ta ming-chiuan-to-nien-tcheu », fabriqué sous la période chiuan-to des Ming ? Moi-même j'ai souvent bu, dans des auberges, de l'eau pure dans une tasse neuve qui prétendait, par sa marque, remonter au siècle de Kang-chi. Toutes ces grandes marques ont donc ainsi tellement perdu de leur valeur, pour les Chinois et les collectionneurs qui résident à Pékin, que jamais l'idée ne vient aux brocanteurs de cette ville de s'en servir pour vous prouver l'authenticité d'une pièce.

Là où le truqueur pékinois déploie le plus ordinairement ses talents, c'est lorsqu'il s'agit de faire passer pour intact un vase en mille morceaux. Par un recollage habile, que la patience chinoise peut seule mener à bonne fin, il reconstruit l'objet ; puis, à l'aide d'un enduit, il cache la fente, et enfin, pour rendre complète la restauration, il fait peindre, sur les endroits où l'émail manque, des dessins qui se raccordent si admirablement avec le décor général de la potiche, qu'il est impossible de saisir la fraude par la seule inspection du dessin. Au reste, rien d'étonnant à ce que les peintres qui sont ainsi chargés de cacher les défauts d'une potiche, les *maladies de son poil,* comme disent les Chinois, soient fort habiles, puisque ce travail constitue une spécialité, très lucrative, dit-on.

J'appris l'existence de ce métier bien singulier de la façon suivante. Un jour que Tcheng était venu me faire une visite intéressée, pour transformer en numéraire les petits papiers qu'on leur donne après chaque achat, je lui montrai un joli pitong — vase à pinceaux, — des Ming que j'avais acheté récemment, mais qui avait montré, après lavage, une grande fente qui déparait affreusement les bébés joufflus, habillés de rouge et de vert, qui prenaient leurs ébats sur sa rondeur.

Touché de mon chagrin, Tcheng me promit de m'envoyer, le lendemain, un des deux peintres réparateurs de Pékin, qui ferait disparaître, me dit-il, l'affreuse fissure sous un élégant feuillage Ming, aussi bien de style que de couleur. Tcheng tint sa promesse, et, le lendemain, l'habile artisan, après avoir examiné attentivement l'objet à truquer, y peignit, sous mes yeux, un rocher qui paraissait si bien à sa place, et si bien de l'époque, qu'il me fut ensuite difficile de retrouver l'endroit défectueux.

Un autre truc, fort connu des Pékinois, mais plus facile à découvrir que le précédent, c'est le *coupage*. Lorsqu'un vase, — un Kouan par exemple, — est surmonté d'un col court fort endommagé, on le fait disparaître complètement; à l'aide d'une meule, on polit le nouveau goulot ainsi formé, et l'on donne ensuite un aspect gris sale à la partie polie, à l'aide d'un procédé fort simple, afin de faire croire que cette ouverture est vieille de bien des années, tandis qu'elle a été confectionnée quelques heures avant. Seulement ce ne sont pas les brocanteurs chinois qui garnissent les objets, ainsi coupés, de ces lourdes garnitures de cuivre doré, à l'aide desquelles on les écoule en France. Ce raffinement du truquage est inconnu aux sujets du Fils du Ciel, qui se contentent de faire disparaître le goulot ou le pied endommagé, de polir bien la cassure et de la salir ensuite.

Comme on le voit, les truqueurs pékinois n'ont que très peu de ressources à leur disposition, lorsqu'il s'agit de porcelaines. Cependant ce faible bagage leur suffit pour en faire de dangereux adversaires, aux yeux des amateurs d'occasion de la colonie européenne.

CHAPITRE III

Me voici confortablement assis sur le sofa, une tasse de thé bouillant à portée de ma main. Le principal associé se tient debout devant moi, tandis que ses commis prennent les vases que je désigne et me les apportent pour les soumettre à mon examen.

Le marchand connaît mes goûts, et il en abuse. Il sait que je raffole de tout ce qui touche, de près ou de loin, au boudhisme. Pendant qu'il me montre des potiches variées, un de ses commis va dénicher, dans le fin fond du magasin, une collection de *céramique religieuse* qui y a été accumulée, dit-on, à mon intention.

D'abord on me présente une demi-douzaine de coupes profondes, montées sur un petit pied évasé. Elles sont destinées à être rangées devant les images de Boudha, où les fidèles les remplissent de pyramides de fruits, pommes, poires,

prunes, qu'ils offrent à la Divinité qui, après
les avoir admirés quelques jours, les offre gra-
cieusement aux bonzes qui l'adorent. Comme
signe de leur destination sacrée, elles portent
sur leur pourtour extérieur des invocations en
caractères tibétains, la langue sacrée du boudhisme chinois. Quelquefois ces caractères sont
entremêlés d'un autre emblème religieux :
l'arbre de vie, qui se présente sous la forme
allégorique d'un fouillis de traits rassemblés de
façon à former un cœur.

Outre les caractères tracés à l'extérieur, il y
en a aussi souvent un grand nombre dans un
rinceau ménagé sur le bord intérieur de la coupe.
C'est le plus souvent une prière aux trois personnes qui composent Boudha.

En même temps que ces coupes, on m'apporte des bols, aussi chargés de caractères et
d'arbres de vie. Ils servent à faire des offrandes
de riz. Quant aux assiettes de même facture,
elles sont remplies par les fidèles de pyramides
de gâteaux, qui rappellent celles que l'on voit
dans les vitrines de nos confiseries parisiennes.

Les différentes pièces de ces services de

table, à l'usage des dieux, sont ornées, en général, de décors bleus. Quelquefois cependant la monotonie de cette couleur est relevée par un mélange de dessins rouges et verts, jamais avec d'autres teintes. Comme dans toutes les pièces de porcelaine, la facture de ces vases diffère grandement suivant les époques. Les coupes faites sous les Ming sont d'un bleu inimitable ; celles de Kang-chi ou de Kien-long sont déjà d'une teinte moins pure, mais elles rachètent cette imperfection par la blancheur de la pâte et la finesse du dessin. Quant à celles de fabrication moderne, elles se distinguent par l'absence complète de qualités. Le seul intérêt qu'elles aient, pour le collectionneur, vient de ce que ces pièces religieuses sont fabriquées en petit nombre ; puis le respect des fidèles les empêche de se répandre dans le commerce, ce qui fait qu'il est relativement difficile de s'en procurer.

En plus des indices connus seulement des grands amateurs, qui permettent de distinguer les produits modernes de ceux des grandes époques de la céramique chinoise, j'ai découvert un signe spécial et infaillible qui permet, dans les porcelaines sacrées, de distinguer le vieux du neuf. Comme ma découverte peut avoir quelque intérêt, même pour les habiles collectionneurs, je vais me permettre de l'exposer en aussi peu de mots que me le permettra ma petite vanité d'auteur.

Pour reconnaître, dans les porcelaines sacrées, le vieux du neuf, il suffit d'examiner les caractères. Ceux tracés par les potiers de l'époque des Ming ont cette apparence de laisser aller, qui constitue la physionomie de toutes les productions artistiques de cette époque. On voit que le caractère a été tracé *de chic*, d'un seul coup de pinceau. Sous Kang-chi et sous Kienlong, durant la dernière renaissance littéraire et artistique de la Chine, il y avait, à la cour de ces deux souverains et dans les manufactures impériales, des savants pour lesquels les langues tibétaine, mongole et arabe n'avaient point de secrets. Aussi, sur les vases sacrés fabriqués pendant cette période, il n'y a que des caractères tibétains classiques, tracés par des mains qui étaient elles-mêmes guidées par des têtes qui connaissaient la valeur des signes qu'elles peignaient.

Si un vase porte des lettres tibétaines bien académiquement tracées, et que l'on puisse facilement reconnaître en les comparant à un alphabet de cette langue [1], on peut être certain que l'on a devant soi un produit des règnes de Kang-chi ou de Kien-long. Si au contraire les lettres sont déformées, gauches, à forme cursive, on est certain d'avoir affaire à ces caractères mi-chinois et mi-tibétains qui n'appartiennent ni à l'une ni à l'autre de ces langues. Ils ont été tracés par d'ignorants dessinateurs modernes qui copient, tant bien que mal, des modèles, car ils n'ont aucune idée de la langue tibétaine et de son alphabet. Au reste, leur ignorance saute aux yeux; il est matériellement impossible de retrouver dans les productions de leur ignorance l'écriture carrée d'un dérivé du sanscrit.

Puisque je suis en train de parler des por-

---

1. Les amateurs trouveront un alphabet tibétain dans l'excellente grammaire tibétaine de Fouceaux. Maisonneuve, éditeur, Paris.

celaines sacrées, je vais me permettre de décrire une pièce rarissime, de ce genre, qui fait partie de ma collection. C'est un vase ayant un peu la forme d'une soupière sans pied. La pâte en est grossière, le bleu passé ; mais par contre il porte sur son pourtour trente-deux lignes verticales de caractères qui en font une rareté. Chacune de ces lignes se compose de trois parties, et le tout forme une reproduction trilingue d'une des plus célèbres prières des Boudhistes. Le haut de la ligne est occupé par la version tibétaine, et au-dessous elle se divise en deux autres lignes où se déroule, côte à côte, la version en caractères mongols et celle en caractères mandchoux. Les pièces de porcelaine portant, comme celle-ci, des caractères de trois alphabets sont d'une extrême rareté, et je n'ai jamais pu savoir dans quelle partie de la Chine on les fabrique.

CHAPITRE IV

Shopping dialogue. — L'art de la classification à la Chine.

Une fois la collection de porcelaines à caractères tibétains étalée devant moi, il s'agit d'abord
de faire mon choix, puis d'entreprendre la laborieuse opération d'en débattre le prix, opération
qui vous oblige à dépenser des trésors d'élo-
quence, à dessécher votre larynx à force de parler,
à vous imposer, en un mot, un travail dont le
seul souvenir me fait encore frémir. Dès que je
commence à choisir, le marchand, de son côté,
se met à faire l'éloge de sa marchandise.

— Cette coupe, me dit-il, est un Kang-chi;
elle n'a pas une *maladie des poils* (c'est-à-dire
pas un défaut).

Comme ma physionomie exprime le doute.
après un minutieux examen de l'objet, il reprend :

— C'est du vrai! *Si je mentais je serais un
singe, je ne serais plus un homme.*

Je lui montre de la main une longue fente qui dépare le pied de la coupe. Alors il s'écrie :

— Oh! mais cela c'est du naturel!

C'est là le grand argument des brocanteurs chinois, lorsqu'on découvre à leurs marchandises quelque *maladie du poil,* — mao-ping; — ils soutiennent que c'est un défaut naturel, argument dont je n'ai jamais, je l'avoue, apprécié la valeur, sans doute à cause de son caractère par trop chinois. Peu m'importe, en effet, qu'une porcelaine ait un défaut provenant de la fabrication ou d'un de ces accidents qui découvrent, dans son affreuse vérité, la fragilité des choses terrestres! Pour moi, la seule chose qui m'intéresse, c'est l'existence même de ce défaut, d'où qu'il vienne.

Après la coupe, c'est le tour d'une assiette qui est, elle aussi, vantée et garantie authentique à l'aide de nombreuses formules de serments que compte la langue chinoise.

— Si je mens, que les montagnes m'écrasent, et que la terre s'entr'ouvre pour m'engloutir! s'écrie-t-il à un moment, pour soutenir les prétentions généalogiques d'un bol, qui m'a tout l'air d'un vulgaire roturier né d'hier.

Maintenant vient la grande question des prix.

— Combien cette assiette ?

LE MARCHAND. — Quinze piastres [1].

— C'est cher !

LE MARCHAND. — Ce n'est pas cher. C'est un objet très *bon*. (Les Chinois emploient souvent l'adjectif bon où nous dirions *beau*.)

— Elle est chère pour une pièce qui a un défaut.

LE MARCHAND. — Mais ce défaut est *naturel*. Si elle ne l'avait pas, je ne la vendrais pas pour vingt piastres.

— Alors je n'en veux pas, c'est trop cher.

LE MARCHAND. — Combien en donnez-vous?

— Deux piastres.

LE MARCHAND. — Vous plaisantez!

— Nullement!

LE MARCHAND. — Vous avez *un nez trop*

---

1. A Pékin, les transactions, entre étrangers et Chinois, se font en piastres mexicaines dont le cours moyen, dans cette ville, est de 5 fr. 10 c. pour une piastre.

élevé [1] pour ne pas savoir que ça vaut ce prix-là!

Après bien des discussions de même genre, le prix de l'assiette reste incertain. Nous recommençons le débat, pour un bol, avec aussi peu de succès. Ce que voyant, le marchand prend l'assiette et le bol marchandés, les place devant moi en disant :

— Combien donnerez-vous, monsieur, des deux?

Réunir deux ou plusieurs objets et faire le prix en bloc, à l'aide d'une cote mal taillée, constitue un procédé fort usité par les brocanteurs chinois et même japonais. Les premiers appellent cela faire un *tong-tong*, — mot à mot ensemble ensemble, — et ils emploient si souvent ce mot que les étrangers qui ne font même que quelques excursions dans le domaine de la brocante ne tardent pas à le connaître, quelque ignorants qu'ils soient de la belle langue de Confucius.

Enfin, après une discussion laborieuse, je

1. Les Chinois ont un système de Gall encore rudimentaire. Ils croient que la bosse du jugement se trouve dans la racine du nez, d'où l'expression : *avoir un nez élevé* pour *être un bon juge.*

finis par m'entendre avec le marchand sur le prix d'un *tong-tong* composé de quatre assiettes, d'un bol et de cinq coupes de porcelaines religieuses.

Une fois ce marché conclu, à la satisfaction du marchand et à la mienne, je me mets à examiner les porcelaines du magasin qui ont une valeur purement artistique. Il y a là de magnifiques représentants de la famille rose, de la famille verte, des potiches à mandarins, en un mot de toutes les espèces que compte la nomenclature de la céramique chinoise, inventée par nos amateurs d'Occident. Et que ces derniers se gardent bien de voir dans le mot invention, que je viens d'employer, une critique quelconque de leur façon de procéder; en m'en servant, j'ai voulu simplement constater ce fait : que les amateurs chinois classifient la céramique de leur pays d'une façon toute différente de celle usitée par nos savants amateurs. La classification adoptée par nous porte en elle le cachet de l'esprit logique de l'Occident. Tout y est simple et parfaitement défini. La nomenclature chinoise, au contraire, est toute orientale; elle est compli-

quée; le nombre de ses subdivisions est presque
infini, et chacune d'elles se distingue si mal
de ses voisines, que la classification d'un objet
présente trop souvent autant de difficultés que
l'interprétation d'un oracle de la sibylle de
Cumes.

Cependant, pour être juste envers la classification chinoise, il faut lui reconnaître une certaine originalité d'expression qui n'est point
sans charme, et qui donne, en même temps,
une idée des ressources d'invention dont dispo-
saient les ateliers céramiques chinois au XVIIe et
au XVIIIe siècle.

Les Chinois classent leurs porcelaines d'abord
d'après l'usage auquel servent les pièces. Ils
ont ainsi les vases à sacrifices, les vases à poissons rouges. Une autre façon de désigner un
genre de porcelaine consiste à lui donner le
nom de la ville où il a été fabriqué pour la
première fois, ou bien encore celui de son
inventeur. Enfin les amateurs chinois emploient
aussi quelquefois une classification qui se rapproche de la nôtre en ce qu'elle est basée sur
la couleur de l'émail, ou sur celle qui prédo-

mine dans les dessins qui ornent la pâte. Seulement, au lieu d'avoir, comme en Europe, deux ou trois grandes familles, ils en comptent autant qu'il y a de nuances sur la riche palette de leurs peintres en céramique. Pour désigner toutes ces nuances, l'esprit chinois a dépensé des trésors de poésie et de pittoresque qui contrastent singulièrement avec la tournure d'esprit prosaïque des sujets du Fils du Ciel.

De toutes les choses de la nature, celles que les Chinois aiment le plus et qu'ils savent le mieux cultiver, peindre et chanter, sont bien certainement les plantes et les fleurs. Là, point d'anatomie à étudier ou de perspective à observer. Aussi leurs artistes excellent dans l'art de représenter, en deux coups de pinceau, un bouquet de bambous d'une légèreté et d'une élégance aussi grandes que celles des originaux; un gros chrysanthème aux brillantes couleurs; une frêle branche de pêcher, couverte des blanches fleurs de sa toilette de printemps. Dans la céramique, c'est donc tout naturellement dans le règne végétal que les peintres ont été chercher leurs plus belles nuances; ils ont *le rouge*

*de la fleur du poirier du Japon, le bleu de la
prune meï* (grosse prune violette plus belle de
couleur que de goût), *le bleu d'oignon.*

Après les plantes et les fleurs, les Chinois
admirent surtout la lune, le jade et l'ivoire ; de
là ces beaux vases dont l'émail blanc rappelle
si bien la clarté laiteuse de l'astre de la nuit.
Ils ont même poussé l'art si loin, de ce côté,
qu'ils ont composé une teinte, le *blanc de lune
et d'ivoire*, qui résume en elle toutes les qualités de nuances de ces deux merveilleuses productions de la nature.

Il est cependant beaucoup de nuances
employées par les céramistes chinois qui ne
rappellent aucun objet poétique. Pour celles-là,
il a bien fallu recourir à des dénominations prosaïques, qui gagnent souvent en originalité ce
qu'elles perdent en poésie. Quoi de plus bizarre
que ces bruns, *poumons de cheval, foie de
mulet ?* De plus glacial que ce vert gris, qu'ils
appellent *vert peau de serpent,* qui, rien qu'à le
voir, donne la sensation du contact d'un reptile ?

Parmi toutes ces couleurs, il en est une dont
le nom poétique n'a d'égal que sa beauté, lors-

qu'elle brille sur la panse élégante d'une carafe de fine porcelaine, au col de cygne : c'est le *bleu de ciel après la pluie*. C'est ce bleu que nous appelons bleu turquoise, un nom bien moins poétique, il faut l'avouer, que son synonyme chinois.

CHAPITRE V

Entre toutes les porcelaines qui défilent devant mes yeux, une seule donne bien une idée du caractère des sujets du Fils du Ciel. C'est une poterie en terre grossière, recouverte d'un vernis vert, et encore cette couverte rudimentaire s'est trouvée trop étroite pour le contenu, car une partie de la terre étale en plein jour sa pauvreté. Malgré ses défauts, ce précurseur d'un grand art n'en est pas moins l'objet de la vénération de tout bon Chinois, vénération qui tient à ce qu'ils en font remonter la fabrication à la dynastie des Song (900 à 1126 après J.-C.). Aussi est-elle renfermée soigneusement dans un étui en bois parfumé, bien capitonné en soie rouge, afin de préserver de tout accident ce vénérable reste de l'antiquité.

Par curiosité, bien plus que dans l'intention

de devenir possesseur de cette vieille horreur, j'en demande le prix. Alors se montre, dans toute son étrangeté, le sens artistique du plus vieux peuple du monde. On me demande, pour ce tesson informe, sans couleur et sans dessin, un prix bien supérieur à celui d'un des plus beaux spécimens de la renaissance chinoise de Kang-chi ou de Kien-long. Pourquoi cette anomalie apparente? Les Chinois trouvent-ils donc beau ce qui nous semble laid? Nullement. Seulement le culte des ancêtres et de l'antiquité passe pour eux bien avant celui de l'esthétique. Un vieux tesson qui compte des siècles d'existence a donc plus de valeur à leurs yeux qu'un chef-d'œuvre qui remonte au siècle dernier.

Collectionneurs d'Occident, ne vous hâtez point trop à vous esclaffer de rire de ces bons Chinois, qui, par respect pour leurs ancêtres, encombrent leurs collections de débris affreux. Bien souvent, vous aussi, sans vous en douter, vous collectionnez, et surtout vous admirez en Chinois, alors que vous attachez beaucoup de prix à un morceau de poterie grossière, uniquement parce qu'il vous vient d'une époque dont il nous reste peu de chose. Seulement, si vous avez le culte du rare et du vieux, vous professez la plus sincère admiration pour toutes les productions artistiques, d'où qu'elles viennent et quel que soit leur âge. C'est en cela que vous en remontrez aux Chinois, si peu appréciateurs de ce qui est beau.

On m'apporte une grande boîte. Évidemment ce doit être quelque autre tesson, vieux de plusieurs siècles. Mais cette fois, je me suis trompé. La boîte s'ouvre par un couvercle à coulisse, et me laisse voir quatre tasses aux formes très évasées, que le marchand me présente comme un chef-d'œuvre de la céramique moderne chinoise. C'est ce que les Chinois appellent le genre *coquille d'œuf*. Cette porcelaine est, en effet, si mince et si transparente, qu'elle ressemble fort bien, par sa fragilité, à la coquille d'un œuf. Cette légèreté est obtenue, dans les fabriques, à l'aide d'un corps très mince qui disparaît presque complètement à la cuisson, pour ne laisser que la couverte. Quelle que soit sa légèreté, le corps ne disparaît jamais complètement, car les fabricants chinois, avec leur logique jaune, prétendent qu'il est aussi impossible de *faire une porcelaine sans corps que de construire un homme sans os.* De ce dicton sont venus les noms d'*os* et de *peau*, sous lesquels ils désignent le corps et la couverte de la porcelaine.

Ces fragiles spécimens de l'art chinois me rappellent que, pour nos existences, tout aussi fragiles, *tempus irreparabile fugit.* Je demande l'heure à mon hôte, qui consulte aussitôt une des *deux montres* qu'il porte dans un sachet suspendu à sa ceinture.

Déjà cinq heures ! Il y a plus de trois heures que je suis là, à bibeloter et à brocanter ! Je n'en puis croire la première montre de Tcheng, et je lui demande de consulter la seconde. Elle aussi marque cinq heures, et son propriétaire me fait remarquer, avec orgueil, que ses deux chronomètres marquent exactement la même heure, à une seconde près.

Pourquoi les Chinois, depuis que les missionnaires jésuites du xvie siècle leur ont fait connaître les pendules et les montres, ont-ils pris l'habitude de ne jamais porter ces dernières

que par paire? C'est là une question que je me
suis bien souvent posée, sans parvenir à la
résoudre. Pour m'éclairer, j'ai questionné plus
d'un mandarin dont la bedaine rebondie était
ornée d'un petit sachet double qui sert de gous-
set. Aucun ne m'a donné une explication satis-
faisante de cette coutume dispendieuse, et la
plupart m'ont fait cette réponse bien chinoise,
mais absolument dépourvue de sens : *C'est l'habitude*. Si encore les deux montres étaient
placées de chaque côté, là où sont les deux
poches de nos gilets, leur présence s'explique-
rait par un amour de la symétrie ; mais elles
sont enfermées toutes deux dans un sachet à
deux compartiments, sans que la moindre bre-
loque ou le plus petit bout de chaîne vienne
révéler leur présence.

Je me lève pour partir ; les associés m'accompagnent jusqu'à la porte, en faisant à haute voix
des vœux pour mon bonheur, en aparté pour
que la manie des bibelots me pousse à dépenser
dans leur boutique, jusqu'à mon dernier sou.
Arrivés au seuil, ils me saluent une dernière
fois, à la mode chinoise, en élevant à plusieurs

reprises les deux poings fermés et serrés l'un
contre l'autre à la hauteur du front.

Dans la rue, le bruit commence à diminuer.
Les portes de la ville sont fermées; la vie se
fait déjà moins intense dans la capitale des Fils
du Ciel. Nous sommes en hiver; une grande
nuée rouge illumine encore l'Occident d'une
lumière douce et mystérieuse, signe précurseur
d'une belle nuit étoilée, qui fera descendre le
thermomètre à 30° au-dessous de zéro. Malgré
le froid qui devient intense, je marche lentement, tout absorbé que je suis par les potiches
que je viens de voir, qui m'en rappellent des
milliers d'autres que j'ai vues à Pékin même, à
Canton, au Japon, en Europe, en Amérique et
jusqu'en Corée. Chemin faisant, je compare entre
elles, autant que me le permettent mes souvenirs, les richesses artistiques que renferment
les différentes villes que j'ai visitées, au point
de vue céramique, et le résultat de ces compa-
raisons se trouve être des moins favorables à
Pékin. Pour éviter des déceptions à ceux de nos
amateurs qui seraient tentés d'aller se former
une riche collection de chefs-d'œuvre Ming,

Kang-chi et Kien-long, dans les pays mêmes
qui les ont vus naître, je vais leur donner les
résultats de cette comparaison.

Au point de vue de la céramique chinoise,
Pékin, la grande place de la brocante de l'Extrême-Orient, ne possède presque plus de ces
pièces hors ligne, qui font les plus beaux orne-
ments des collections de Londres et de Paris.
De temps à autre il s'en présente bien encore
une dans les boutiques, mais elle est presque
aussitôt enlevée par les amateurs à l'affût, et,
en tous cas, ces occasions sont infiniment plus
rares que celles que l'on rencontre dans les
grandes ventes de l'hôtel Drouot. Il est bien à
supposer que la capitale des Fils du Ciel renferme, dans les collections particulières des
grands mandarins, des porcelaines d'une grande
valeur; mais le *home* de ces derniers est encore
hermétiquement clos aux Européens, ce qui fait
qu'il ne nous est pas permis d'admirer les chefs-
d'œuvre qu'il renferme.

Quant aux pièces qui n'ont qu'une valeur
courante, et qui servent le plus souvent à l'ornement de nos intérieurs, celles-là se trouvent en

aussi grand nombre à Pékin qu'à Paris. Seulement, ces objets sont soumis à la loi vulgaire de l'offre et de la demande. Les Occidentaux qui vont à Pékin n'ont d'autres distractions que d'acheter des porcelaines, ce qui crée, pour ces dernières, une situation bien plus avantageuse que celle de leurs compatriotes émigrées en Occident, où elles ont à subir la rude concurrence de tous les genres céramiques, depuis l'étrusque jusqu'au Sèvres moderne. Cela fait que les potiches ordinaires sont beaucoup plus chères à Pékin qu'à Paris ou à Londres où elles sont proportionnellement moins recherchées.

Voici un seul exemple qui permettra aux amateurs de juger par eux-mêmes de la valeur de mon dire. Il n'est pas possible de se procurer à Pékin une de ces assiettes dites de la « Compagnie des Indes », à moins de vingt francs. Encore pour ce prix, on n'a qu'une pièce isolée infiniment moins belle, comme matière et comme ornement, que les spécimens que l'on rencontre dans toutes les collections européennes.

Dieu merci, chers lecteurs, me voici arrivé à la fin de mon excursion, ce qui me permettra de finir tout naturellement ma digression sur la valeur des chefs-d'œuvre de l'art céramique. Il n'est que temps! Si la grande rue de Ha-ta-meun, — Ha-ta-meun-ta-Kié, — était un peu plus longue, le temps que j'aurais employé à la parcourir, pour rentrer chez moi, se serait allongé par trop pour mes faibles connaissances artistiques. J'aurais infailliblement émis, en fait d'art, quelque monstruosité qui vous eût fait dresser les cheveux sur la tête, messieurs les amateurs.

Heureusement pour votre patience d'abord, et pour mon amour-propre ensuite, Ha-ta-meun, à cette heure de la journée, est peu fréquentée par les charrettes, qui remplacent nos équipages et nos fiacres; les larges bas côtés, qui y tiennent lieu de nos trottoirs, au terrain inégal et parsemé de fondrières en miniature, sont presque libres; les marchands de vieux habits, de vieilles chaussures, de livres, les acrobates ambulants qui l'occupent, le jour durant, ont abandonné la place au coucher du soleil. Seul, un restaurateur ambulant reste là, avec son grand parapluie troué, qui abrite en même temps la cuisine et les tables des consommateurs. Le chef de cuisine est auprès du fourneau en brique ; d'une main, il tient le manche d'une grande poêle remplie d'huile de sésame crépitante, dont l'odeur suffit à rendre malade un Européen ; de l'autre main, il jette dans la poêle des morceaux de porc, et tout en cuisinant il chante sur un rythme monotone, — le rythme chinois, — le nom du *plat du jour* et ses qualités. « Porc frit, bien bon, bien cuit-uit-uit-uit. Voilà ! Voilà ! bien cuit ! bien cuit ! »

La flamme du feu de bois, qui flambe sous la poêle, jette des reflets diaboliques sur ce Vatel du trottoir, tandis que quelques lampions fumeux éclairent, d'une lueur sinistre, les bancs de bois où sont assis les consommateurs. En passant près du restaurant, je jette un coup d'œil sur son service de table. Il est composé de tasses et d'assiettes crasseuses, cassées et raccommodées vingt fois ; mais ces raccommodages sont loin d'être faits avec le même chic que ceux que je viens de voir chez Tcheng. Là, en effet, l'utilité et le bon marché sont seuls recherchés. Aussi, lorsqu'un morceau cassé se perd, le raccommodeur chinois ingénieux le remplace par un *morceau de zinc* habilement encastré dans la porcelaine.

Ce rapiéçage des faïences me frappa, la première fois que je le vis, et tout en rentrant chez moi, bercé par la voix monotone du cabaretier pékinois, je me demandais si ce ne serait pas un service à rendre à l'Occident, que de l'initier au moyen de compléter une assiette, très ébréchée, à l'aide d'un morceau de métal.

DEUXIÈME PARTIE

LA CHINE DES BIBELOTS

CHAPITRE PREMIER

Une promenade en charrette.

— Vieil aïeul (Monsieur), la charrette est là. Je l'ai engagée pour aller au Long-fou-seu (le temple de Long-fou).

C'est mon *boy* (domestique chinois) qui vient m'annoncer qu'un fiacre pékinois, qu'il a été prendre à la place de remise la plus voisine, m'attend pour me transporter au temple de Long-fou.

A la porte, je trouve, en effet, une charrette à deux roues, recouverte d'une légère carcasse pour vous protéger du soleil et de la pluie. Pour attelage, une vieille mule têtue, qui vous couvre de poils en chemin, et pour cocher un petit bonhomme dont le corps a l'apparence d'un ballot, tant ses formes disparaissent sous trois gilets doublés de peau de mouton. Ce cocher, que je connais depuis longtemps, a la spécialité de conduire les « diables d'Occident », sans doute parce que les indigènes ne veulent point des services d'un être aussi malpropre. Sa tête rasée laisse voir un cuir chevelu fort endommagé par une des maladies de peau si fréquentes parmi les sujets du Fils du Ciel, et, sous les chauds rayons du soleil, ses vêtements se transforment en une populeuse cité de sauteurs, tant ils sont habités.

Je saute sur un des brancards et je m'y assieds, les jambes pendantes au dehors. Mon cocher se place sur l'autre brancard, de la même façon, et en route pour Long-fou-seu.

Un soleil bien clair réchauffe un peu Pékin des rigueurs d'une nuit d'hiver qui a fait descendre le thermomètre à 35° au-dessous de zéro. L'air est sec, et la charrette soulève sur son passage un nuage de poussière. A peine dehors, nous tournons à gauche pour nous engager dans un étroit passage bordé d'un côté par les hautes

murailles de la légation de France et de l'autre
par des boutiques : un charbonnier, un gargotier
à bon marché et un emballeur. Bientôt la voie
s'élargit et les boutiques disparaissent. Nous
parcourons maintenant un véritable boulevard,
moins le bon état de la chaussée. A droite et à
gauche, de grands murs délabrés, percés çà et
là d'une porte monumentale ou d'une brèche,
outrage des ans, qui laisse voir des champs
incultes qui ont été jadis des parcs élégants, et
des maisons en ruines, derniers vestiges d'une
splendeur passée.

Tout ce quartier de Pékin devait être
rempli de magnifiques habitations au temps
de sa grandeur. Ces larges rues, bien pourvues d'égouts, devaient être parcourues jour et
nuit par les superbes cortèges des nombreux
vassaux du Fils du Ciel, qui se pressaient alors
aux portes de son palais pour avoir l'honneur de
se prosterner aux pieds d'un grand conquérant,
d'un Gengis-Khan, d'un Kang-chi ou d'un Kien-
long. Aujourd'hui encore, après des siècles de
décadence, après des révolutions sanglantes et
des invasions étrangères, Pékin garde dans ses

4

ruines quelque chose de son orgueilleux passé.
On retrouve les traces de la grande cité qui
enleva à la florissante Nan-King le titre de
capitale du plus grand empire du monde, qui
devint le centre de toute la puissance asiatique,
en dépit des rigueurs de son climat et de la
pauvreté du pays qui l'entoure!

Le spectacle d'une grandeur déchue, s'il est
attristant, produit cependant sur l'âme une impression plus profonde, plus vibrante que celui
d'une prospérité vertigineuse comme j'en ai ren-
contré dans le Nouveau-Monde, où l'on voit
s'élever une riche et populeuse cité là où hier
encore il n'y avait qu'un désert inculte. Il y a
plus de poésie dans un palais désert, terrassé par
le temps, que dans le somptueux hôtel d'un parvenu de la finance!

Tout ici est ruines. Sur la gauche, des arbres
morts, dépouillés de leurs branches, dressent
sur le ciel leur triste silhouette. Il y a de longues
années que ces troncs dénudés restent là
encombrant la chaussée, sans que le respect des
Chinois pour tout ce qui est vieux ait permis à
leur hache profane de les abattre.

Voici maintenant un vaste carrefour formé par la rencontre de deux boulevards pékinois; l'un, celui que je suis, qui traverse la ville intérieure, ou tartare, du nord au sud; l'autre, qui part de l'Observatoire et s'en va rejoindre la porte principale de la *ville jaune ou impériale*. Sur ce dernier s'élève, tout près du carrefour, un de ces grands arcs de triomphe *(peï-lo en chinois)* qui abondent à Pékin et qui ont été élevés, dit-on, pour rappeler le souvenir de grands événements. Mais il est à remarquer que ces arcs ne portent aucune plaque commémorative qui permette d'en connaître l'origine, et les habitants ont complètement perdu le souvenir des prétendus hauts faits qu'ils sont destinés à rappeler.

Ces arcs de triomphe se composent généralement de hautes charpentes en bois peint et vernissé qui forment une grande porte centrale, flanquée de deux portes plus étroites et plus basses. Ce frêle édifice est recouvert d'un toit épais de tuiles vernissées vertes, jaunes et bleues. Ces constructions chinoises, avec leur lourde tête qui repose sur une base étroite, n'ont pas plus de solidité que les triomphes qu'elles rappellent; comme eux, elles ne tardent pas à tomber et à disparaître de la mémoire des hommes. Le Peï-lo, que je rencontre sur mon chemin, est encore debout; mais il menace si terriblement d'écraser les passants que l'édilité pékinoise, en dépit de son horreur pour les réparations, s'est décidée à l'étayer. Ce n'est là qu'un palliatif. Pendant mon séjour à Pékin, au lendemain de chaque bourrasque, j'allais visiter le Peï-lo, mon voisin, et chaque fois, je trouvais la terre couverte de quelques débris que lui avait arrachés la violence du vent. Si sa destruction prochaine n'a pas été combattue par quelque réparation énergique, mon pauvre voisin doit avoir maintenant cessé de profiler, sur le ciel, sa silhouette fantastique qui m'annonçait l'approche du logis.

Ma charrette tourne et s'engage sur un autre boulevard qui va aboutir sur le boulevard de Ha-ta-meun. Ici, il y a un peu plus de vie : des chantiers de marchands de bois, de briquetiers et de fabricants de laque commune remplacent les murs uniformes des palais. Nous traversons

un pont fort en dos d'âne, dont les parapets en
marbre blanc sont partout écroulés, formant
des amoncellements bizarres de morceaux de
pierres. Après le pont, un autre arc de triomphe
dont il ne reste plus debout qu'un seul pilier,
qui ne doit son reste d'existence qu'à la maison
voisine qui soutient charitablement sa vieillesse.

La charrette s'arrête, et il me faut mettre
pied à terre, car la foule est trop compacte pour
qu'un véhicule puisse parcourir la rue de Long-
fou-seu, qui passe devant le temple. J'entre dans
la vaste cour de cet édifice. Tout autour, des
bâtiments à un seul étage, de sordide apparence,
où habitent une légion de bonzes, aussi peu
propres que les bouges qui les abritent. Au
milieu de la cour, les trois chapelles, bâties sur
la même ligne. Dans le terrain vide, quelques
vieux mélèzes chauves. Voilà le temple de Long-
fou-seu, tel qu'il est en temps ordinaire. Mais
trois fois par mois, le 9, le 19 et le 29, sa cour
déserte se remplit de bruit. L'asile du silence
donne alors refuge à la gent bruyante des
marchands, et, un jour durant, les cris des

enfants, le tapage des discussions, entre ache-
teurs et vendeurs, couvrent complètement la
voix du gros tambour qui appelle les fidèles à
l'office.

CHAPITRE II

Le marché de Long-fou-seu.

J'ai choisi exprès un de ces jours profanes,
pour visiter le temple de Long-fou, fort peu
curieux en lui-même, et qui ne doit sa célébrité
qu'à la foire qui s'y tient trois fois par mois.
Là, en effet, on trouve étalés à terre, ou sur des
tables, tous les objets nécessaires ou de luxe,
connus du monde chinois. D'abord voici des
marchands de batterie de cuisine en cuivre et
en fonte. Les clients obstruent la porte ; ils font
un vrai concert, peu harmonieux, en vérité, en
frappant du doigt sur les marchandises, pour
voir si le bronze est d'un bon alliage, ou si le
fer ne cache aucune fêlure. Un peu plus loin,
sur des tables couvertes de toile, s'étalent des
chaussures avec d'épaisses semelles de papier,
aux tiges plus ou moins brodées, suivant les
moyens des clients. A côté, un marchand de
chapeaux met en vente une cargaison de coif-

fures officielles, en feutre noir, des toques
légères en crin ou en soie, et des bonnets pour
enfants, à fond de couleur voyante, rouge, vert,
bleu, bordés d'une étroite bande de soie noire
brochée d'or et d'argent, entremêlés de petites
paillettes de fer-blanc.

Devant la boutique de ce chapelier en plein
vent, un bon Chinois s'est arrêté pour pourvoir
d'une coiffure son fils, un bambin de sept ou
huit ans, à la mine friponne et éveillée, avec
ses deux petites queues sur chaque tempe, qui
se dressent vers le ciel comme les deux cornes
d'un jeune bouquetin. Le chapelier, accroupi
devant son jeune client, lui essaie les bonnets,
tandis que son père se tient à distance et admire,
avec l'orgueil d'un auteur qui lit ses premières
élucubrations, la bonne mine du bambin, sous la
suite de coiffures qui défilent sur sa tête. Il
suffit de voir l'expression de bonté et de satisfaction de ce père, en admiration devant son
œuvre, pour concevoir des doutes sur les théories de ces voyageurs occidentaux, qui prétendent que le Chinois est un être tout aussi
barbare qu'un Hottentot.

Mon attention est distraite de cette charmante
scène domestique, par un crin-crin désagréable.
C'est un marchand ambulant d'instruments de
musique. Il parcourt le marché en portant sur son
dos tout un assortiment de guitares, de violons,
de flûtes et de chalumeaux. Pour attirer la
clientèle, il joue, tout en marchant, du kin, instrument de musique des Chinois, dont la forme
rappelle celle de la cithare à archet des Autri-
chiens. C'est une table harmonique convexe,
garnie de cordes de métal qui en sont séparées,
à chaque extrémité, par un petit chevalet. Dans
les siècles passés, alors que l'éducation des
lettrés chinois était plus complète que de nos
jours, une des épreuves des concours consistait
à jouer un morceau sur le kin.

Le concert du marchand ambulant est si
désagréable, qu'il m'oblige à m'éloigner. J'arrive
dans une partie du marché, spécialement réservée
aux vieilleries, vieux vêtements, vieux souliers,
vieux chapeaux, etc., etc. C'est surtout dans ces
monceaux de débris de la vie domestique qu'un
Européen trouve quelquefois à glaner des choses
curieuses à bon marché. Aussi je ralentis le pas;

j'inspecte minutieusement les étalages posés à terre ; et même je m'arrête çà et là pour prendre un objet et l'examiner de près. De ces audacieuses investigations, je suis sûr d'avance de rapporter chez moi tout un peuple d'insectes, qui me vaudront une fort mauvaise nuit. Après tout, le métier de collectionneur, s'il a ses charmes, a aussi ses inconvénients et ses héroïsmes ignorés.

Après bien des recherches infructueuses, je finis par découvrir un instrument d'astronomie fort curieux, — cela suffit pour montrer qu'on trouve de tout sur le marché de Long-fou-seu. C'est un petit châssis de cuivre, découpé à jour, qui porte un cadran solaire, une petite boussole pour l'orienter et un niveau microscopique pour le mettre d'aplomb, opération qui était facilitée, alors que l'instrument était dans toute sa splendeur, par les trois pieds à vis sur lesquels il repose. Dans cet ensemble, il y a beaucoup de chinois : les dessins gravés sur le cuivre, la boussole que les mariniers jaunes employaient bien avant Flavio Gioia, et enfin le cadran solaire. Mais à côté de cela, il y a des détails qui indiquent une fabrication, ou tout au moins une direction européenne. C'est ainsi que le niveau d'eau est une invention venue d'Occident, tandis que le demi-cercle en émail présente une marque certaine de son origine lointaine. Il porte en effet, sur son pourtour, d'abord les caractères chinois des cinq veilles du jour, puis les douze heures de notre temps civil, marquées en chiffres romains.

Bien certainement, ce cadran solaire a été fabriqué, sous la direction des savants Pères Jésuites, au XVIᵉ ou au XVIIᵉ siècle, par des ouvriers jaunes, et comme la fabrication de l'émail était encore inconnue de ces derniers, les missionnaires se faisaient envoyer d'Europe les demi-cercles, et y faisaient ensuite ajouter les divisions chinoises du temps.

Ce vestige de l'influence française en Chine me séduit. C'est le souvenir d'une grandeur qui s'affaisse tous les jours, épuisée par le gaspillage et la corruption. Le nom français, jadis si respecté dans l'Extrême-Orient, n'y est plus maintenant qu'un souvenir dans cette ingrate mémoire des peuples qui s'appelle l'histoire, une trace que les pas précipités des Anglais et des Allemands, pressés de prendre leur part au banquet de la vie, ne tarderont pas à effacer, pour toujours peut-être ! Un peu attristé par les réflexions que font naître en mon esprit les souvenirs du passé, la tristesse du présent et les sombres horizons de l'avenir, je marchande le cadran solaire qui en a été la cause. Alors recommence cette interminable opération du marchandage. Mon marchand, qui n'a point l'habitude des *diables d'Occident*, me demande une somme vertigineuse : 10 taels, plus de 75 francs, pour un cadran solaire hors d'usage. Enfin, après bien des discussions, je finis par me rabattre sur le fameux système du tong-tong — tout ensemble ; je lui propose 11 ligatures pour l'instrument et une petite tabatière en une matière jaune brun, transparente comme de l'écaille, et, grâce à cette manœuvre, je finis par emporter les deux objets dans mes poches.

Un peu plus loin, un rassemblement m'attire. Je m'approche et je commence à jouer des coudes pour me frayer un passage jusqu'au centre d'attraction de la foule. Cette dernière, composée en grande partie de portefaix et de cochers, ne montre guère de sympathie pour ma qualité d'étranger. L'un fait remarquer que mon *nez* proéminent est bien celui d'un éléphant, mais que mes *dents* sont trop courtes pour avoir une valeur quelconque. Cette plaisanterie intraduisible[1], faite à mes dépens, cause une hilarité générale. Toute l'attention du public, — une attention bien peu flatteuse, il faut l'avouer, — se concentre sur mon humble personne, à la grande fureur de l'acrobate qui formait le centre du groupe. Le bonhomme, me prenant pour un concurrent, s'arrête net dans l'exécution d'un tour commencé, et me jette un regard fort peu amical. Cependant, quand il voit que je ne fais rien pour profiter de mon premier succès, bien involontaire, il reprend tranquillement le cours de ses travaux, à la grande satisfaction de ma curiosité.

Il recommence à mouvoir deux énormes pierres qui peuvent peser une centaine de kilos,

1. La langue chinoise n'a point nos mots spéciaux de trompe et défense ; pour désigner ces deux choses, elle est obligée d'avoir recours à une périphrase. On dit en chinois : le *nez d'un éléphant* et la *dent d'un éléphant*.

absolument de la même façon que nos athlètes des carrefours ; il les lance par-dessus sa tête, les reçoit sur son bras, ou bien jongle avec comme s'il s'agissait de balles de caoutchouc. Après ce déploiement de force viennent des exercices plus variés, mais tout aussi connus ; il tient en équilibre une assiette sur la pointe d'un sabre, lance son arme en l'air et la reçoit dans sa bouche. Tout cela est fait fort habilement ; mais comme ces exercices paraissent l'enfance de l'art en comparaison des jongleries surprenantes, des miracles d'équilibre que l'on admire dans les cours des temples japonais ! Décidément le peuple chinois est trop sérieux pour exceller dans l'acrobatie, et là où le caractère léger du Japonais trouve moyen de faire merveille, le grave Chinois n'arrive qu'à exhiber de brutaux effets de biceps.

Pendant que j'admire la force que peut acquérir un homme, même en ne se nourrissant que de riz à l'eau, arrosé de thé fort léger, la foule qui m'entoure continue à me consacrer une partie de son attention. Maintenant c'est la couleur de mes cheveux et de ma barbe qui l'amuse. « Comme ces *poils rouges* sont singuliers », dit l'un. « Et ils sont raides comme les soies d'un porc », ajoute plaisamment un autre.

Dans la crainte de faire trop concurrence au saltimbanque, je m'éloigne. Non pas que je sois autrement scandalisé de la façon dont j'ai été traité, car en somme un gamin européen ne se gêne pas pour en dire tout autant d'un étranger quelconque. Puis je pense que nous avons une trop grande tendance, nous autres Occidentaux, à prendre toujours en mauvaise part les épithètes dont les sujets du Fils du Ciel nous gratifient. Ainsi le mot *rouge*, appliqué à mes cheveux et à ma barbe, n'a rien d'injurieux. Je suis blond, et cette teinte est tellement inconnue du peuple aux cheveux noirs, — comme les Chinois s'appellent souvent entre eux, — qu'ils sont obligés de la distinguer à l'aide d'un terme approximatif. Or, la teinte qui se rapproche le plus du blond est bien certainement le rouge. Malgré cela, j'ai vu plus d'une fois des Européens administrer une copieuse volée de coups de canne à quelque malheureux coolie qui s'était permis de remarquer les cheveux *rouges* de l'étranger.

CHAPITRE III

Le magasin de « l'harmonie et de la perfection réunies ».

Le soleil commence à descendre à l'horizon,
et en même temps la température s'abaisse.
Aussi, transi par le froid, je me décide à aller
faire une tournée dans les boutiques de curiosités des environs. La rue qui passe devant le
temple de Long-fou est, en effet, un des quartiers généraux de la brocante, et il y a là une
demi-douzaine de boutiques fort bien pourvues
de toutes les vieilleries recherchées par nous
autres Européens : vieux pots cassés, vieux émaux
démodés, plus des collections fort importantes
d'objets d'art purement chinois, tels que des
bibelots en jade, des meubles à formes bizarres,
des bouquins antédiluviens. Grâce à cette richesse,
on peut en même temps brocanter à *l'européenne*
et à la chinoise, dans ce coin privilégié de Long-
fou-seu. J'entre dans une boutique dont l'immense enseigne indique, en caractères dorés, le

nom du magasin et le commerce qu'on y fait :
A l'harmonie et à la perfection réunies. Magasin d'antiquités.

Le premier magasin n'est rempli que de
meubles, fauteuils, tables et bahuts battant neuf.
Je le traverse pour entrer dans l'arrière-boutique. Là, je trouve tout le confort nécessaire
pour apprécier un objet d'art à sa valeur et pour
en discuter le prix avec une sage lenteur. Un
fauteuil aux formes carrées me tend les bras, et
un réchaud de cuivre, placé à terre, répand
dans la pièce sa tiède chaleur. Les marchands
chinois sont de l'avis de Mérimée, qui soutenait
qu'il est impossible d'apprécier, à leur juste
valeur, les chefs-d'œuvre du *British Museum*,
parce que le visiteur n'y peut trouver un siège
qui lui permette de se livrer sans fatigue à l'admiration. Aussi déploient-ils un luxe extraordinaire pour rendre confortable l'arrière-boutique
où ils entraînent le collectionneur afin de l'y
dépouiller tout à leur aise, et pour faire valoir
les prétendus trésors qu'ils vous offrent, par une
harmonieuse disposition de l'ensemble. La pièce
où je suis assis en ce moment est véritablement

une merveille sous ce double rapport. J'ai déjà parlé du confort ; quant à l'harmonieux arrangement des objets qui la garnissent, le décrire serait impossible, car ce qui constitue sa beauté, ce qui plaît à l'œil, est ce *nescio quid* indéfinissable qui ·forme l'essence de tout sentiment, qu'il s'agisse d'art ou de passions.

On me montre une belle collection d'émaux cloisonnés anciens. Une bouteille au dessin un peu primitif, mais dont les magnifiques teintes bleues et vertes caractérisent si bien les productions chinoises dans les dernières années de la dynastie des Ming, qui correspondent à la seconde moitié du xvie siècle, ouvre la séance. A côté de ce *Ming* se trouve une garniture complète de temple, aussi en cloisonné, composée de deux chandeliers dont la forme rappelle celle des nôtres, deux cornets forme balustre et un brûle-parfums : une petite auge carrée, montée sur quatre pieds de bronze doré, surmontée d'un couvercle auquel un lion, aussi de bronze doré, sert de poignée. Les Chinois appellent l'ensemble de ces cinq objets une garniture de temple, parce que leur destination première est, en effet, d'orner les autels de Boudha. Les chandeliers servent pour les cierges, les cornets sont remplis de bouquets de fleurs artificielles, et le brûle-parfums contient une mince baguette qui brûle constamment devant la divinité, en formant autour d'elle une atmosphère de musc et de bois de santal.

Placé auprès de la bouteille *Ming*, la garniture de temple permet de voir d'un coup d'œil les caractères distinctifs des deux grandes périodes artistiques de la Chine moderne. Chandeliers, cornets et brûle-parfums se distinguent par un dessin plus élégant, un travail plus fini que leur voisin Ming, à la panse sans prétention. C'est la fine tournure d'une citadine comparée à la taille d'une lourde campagnarde. Mais si les productions du siècle des Kang-chi et des Kien-long — la garniture de temple est de cette époque — écrasent par leur élégance raffinée leurs robustes aînées, contemporaines des Ming, ces dernières ont conservé cette beauté de couleur que donne l'air vif de la campagne, tandis que les élégants dessins des premières ne sont relevés que par des teintes mates, sans vigueur, qui leur donnent un aspect d'anémie.

On dirait, en comparant ces chefs-d'œuvre, que la conception artistique est soumise, chez les Chinois, à ce théorème fondamental de la mécanique qui veut que tout ce que l'on gagne en force se perde en vitesse. Chaque fois que l'art chinois s'est perfectionné au point de vue de la forme, ce progrès a été accompagné d'une décadence équivalente sous le rapport de la couleur. On peut donc dire de l'artiste jaune que *tout ce qu'il gagne en dessin, il le perd en couleur*, et vice-versa, tout ce qu'il gagne en couleur il le perd dans le dessin. Cette incompatibilité, qui semble exister en Chine entre les deux éléments constitutifs du beau, pourrait peut-être expliquer pourquoi l'art chinois, même aux époques de grande prospérité, n'a jamais pu s'élever beaucoup vers l'idéal de la perfection.

CHAPITRE IV

Les émaux peints chinois et leur histoire. — Encore un peu de truquage.

Après les émaux cloisonnés, on m'apporte toute une collection de petits plateaux carrés, aux coins arrondis, en émaux peints. Ce sont des soucoupes de petites tasses, en même matière, dont les Chinois se servent pour boire de l'eau-de-vie. Seulement les tasses sont absentes ; sans doute le temps aura pesé sur elles d'une main plus inexorable, et, au lieu de se contenter de fendiller leur émail, comme aux soucoupes leurs compagnes, il les aura condamnées à une destruction complète. Même ainsi dépareillée, la collection de plateaux offre un grand intérêt au point de vue de l'histoire de l'art chinois. Le fond de chaque soucoupe est orné d'une peinture qui se détache sur le fond blanc de l'émail, et ce sont ces peintures qui constituent leur valeur. Au lieu de représenter des scènes de la vie chinoise : des mandarins ventripotents, des divinités au front énorme, des beautés aux pieds microscopiques, ces soucoupes sont ornées de personnages vêtus de l'habit à la française, orné d'un jabot proéminent, de la culotte courte et du chapeau tricorne. Quelques-uns poussent même le raffinement jusqu'à porter la grande canne de jonc, attribut nécessaire de tous les portraits de Voltaire et Frédéric le Grand. Tout cela est fort peu chinois et rappelle bien plus la cour du Roi Soleil que celle de son cousin le Fils du Ciel.

Comment se fait-il qu'une œuvre d'art chinois soit ornée de dessins européens ? Voilà la question que je me pose tout d'abord. Je tourne et retourne les soucoupes les unes après les autres, dans l'espoir qu'elles dévoileront elles-mêmes le secret de leur origine hybride. Mes recherches me font découvrir, sous chacune d'elles, un triangle de longévité, marque de fabrique trop chinoise pour une fabrication européenne. C'est là une nouvelle preuve que l'énigme est réelle, mais ce n'en est pas l'explication. Je me décide à acheter ces curieux objets pour étudier la question plus à fond, et recourir aux lumières des bons collectionneurs pékinois.

C'est à ces soucoupes que je dois d'avoir vu mes faibles connaissances artistiques, en fait d'émaux, considérablement revues et augmentées par les amateurs d'Occident, les lettrés jaunes et les bouquins chinois. J'ai ainsi appris que les émaux cloisonnés avaient dû être importés de Byzance en Chine, ainsi que l'indique leur nom chinois de *Fa-lan* ou franc, désignation qui devait comprendre, dans l'esprit des vieux géographes chinois, tout l'Occident, et que leurs modernes collègues n'appliquent plus aujourd'hui qu'à la France. Cette origine des émaux cloisonnés chinois paraît d'autant plus vraisemblable que ce fut aussi de cette même ville de Byzance que l'art des émaux cloisonnés se répandit dans les ateliers allemands et italiens, ainsi que le prouve la savante étude publiée dans le tome III de *l'Histoire des arts industriels au Moyen-Age et à l'époque de la Renaissance*, de J. Labarte.

Une fois que les ouvriers chinois eurent appris, par hasard sans doute, de leurs collègues

byzantins l'art de travailler l'émail, la difficulté
et la rareté des relations entre l'Orient et l'Occident, aux époques troublées du Moyen-Age, ne
permirent pas aux successeurs de ces derniers
de tenir leurs collègues jaunes au courant des
progrès qu'ils faisaient faire à cet art. Quant aux
Chinois, leur esprit immobile se contenta d'imiter servilement les procédés byzantins. Aussi
ne fut-ce que lorsque les missionnaires romains
s'en furent porter à la Chine les sciences et les
arts de l'Europe du XVIe siècle, que les artisans
jaunes connurent l'art des émaux peints, qui
produisait alors des chefs-d'œuvre dans l'Italie,
où il était né. Les premiers ateliers d'émaux
peints, établis en Chine, furent même pendant
longtemps dirigés par des missionnaires qui rece-
vaient d'Europe des modèles que leurs élèves
jaunes, si bons copistes en toutes choses, se con-
tentaient de reproduire fidèlement.

Voilà pourquoi on retrouve encore quelques
rares émaux peints, fabriqués en Chine, sur des
modèles venus d'Europe. Voilà aussi pourquoi
l'histoire de l'émaillerie, dans l'Extrême-Orient,
ne présente point ce développement progressif

qu'on remarque dans les productions européennes. L'émailleur jaune a passé, sans transition, du travail élémentaire du cloisonné aux
productions purement artistiques de l'émail
peint, et les étapes intermédiaires des émaux
champlevés et translucides lui sont complètement inconnues, par l'unique raison que son
pays n'entretint aucune relation avec l'Occident,
à l'époque où ces procédés y jouissaient de la
faveur générale.

Je me propose de m'occuper plus longuement,
dans la suite, de l'industrie moderne de l'émaillerie en Chine, et je prierai alors le lecteur de
vouloir bien prendre la peine de visiter avec
moi les principaux ateliers de Pékin et de
Canton. Pour le moment, je me bornerai à constater qu'en fait d'émaillage, comme en bien
d'autres choses, l'art chinois a marché à la manière des écrevisses, et que ses productions
actuelles sont bien inférieures, sous tous les
rapports, aux chefs-d'œuvre de la grande renaissance chinoise de Kang-chi et de Kien-Long.

Les beaux émaux cloisonnés que le malin
marchand range devant moi, comme un démon

tentateur, feraient fort bien dans ma modeste collection; mais ils sont trop chers pour ma bourse. C'est que, à l'heure qu'il est, les cloisonnés anciens sont d'un prix plus élevé à Pékin qu'en Europe. Dans l'Occident, ils ont joui pendant un temps d'une grande vogue qui les a fait affluer dans nos collections, et a vidé en même temps les magasins chinois; puis, la faveur s'est éloignée d'eux, et leur valeur a considérablement baissé, tandis que, dans les boutiques chinoises, leur rareté en augmente beaucoup le prix. Actuellement les meilleurs endroits pour acheter de beaux cloisonnés chinois à bon marché sont en Europe et non plus en Chine.

Cependant, à côté des grosses pièces qu'on me fait admirer, je remarque une petite soucoupe qui porte sur le fond la marque : *Kien-long tchen-tchi*, fabriquée sous Kien-long. Au reste, même sans cet acte de naissance. la beauté des couleurs, la finesse des dessins, lui constituent une possession d'état plus que suffisante pour prouver son illustre origine. Mais ce qui lui donne une valeur toute particulière à mes yeux, c'est qu'elle porte sur son rinceau toute une prière en caractères thibétains classiques, et au fond se dessine le fameux monogramme de Boudha Omi, tracé avec une grande élégance. Ce cloisonné a donc été fait spécialement pour un temple, et cela lui ajoute un grand charme, pour moi qui ai passé bien des heures à étudier les choses du boudhisme et de son royaume temporel, le Thibet.

Je prends la divine soucoupe pour l'admirer plus à mon aise. Quoique petite, elle pèse beaucoup, nouvelle preuve qu'elle remonte à cette grande époque de prospérité où l'on ne ménageait guère la matière première, cuivre et émail. Je passe maintenant à l'examen des émaux, et, en dépit du marchand qui demande à grands cris que *la terre l'engloutisse et que les montagnes s'écroulent* s'il ne dit pas la vérité et toute la vérité, alors qu'il m'affirme que cette pièce n'a pas un défaut, je passe, en appuyant fortement, mon doigt sur l'émail.

Aï ha !

Voilà qu'à un endroit il s'enfonce, et mon ongle se remplit d'une cire molle rouge ! Je

regarde le marchand. Il ne perd pas la tête
pour si peu : « Oh! ce n'est rien, me répond-il
tranquillement. *Un petit défaut de cuisson.* »
Que cela vienne de la cuisson ou de l'œuvre,
peu m'importe ; il y a un défaut, voilà pour moi
le point capital. Je continue mon examen et je
découvre ainsi nombre d'endroits où le rusé
brocanteur a habilement *réparé des ans l'irré-
parable outrage* par un procédé de truquage
fort simple qui consiste à mastiquer les trous
de l'émail avec de la cire molle peinte.

CHAPITRE V

L'ivoirerie chinoise. — Jade jaune et amateurs jaunes.

Après les émaux vient le tour des ivoires. Tout le monde a vu, ou tout au moins entendu parler, des prodiges de patience qu'un artisan jaune sait dépenser sur une défense d'éléphant. Il découpe dans un bloc vingt boules artistement travaillées et concentriques les unes aux autres. Il y taille, sans les briser, de légères chaînes d'anneaux.

Mais ce sont là des tours de force et non des œuvres d'art. Il y a à Canton des ateliers où l'on fabrique ces objets à la douzaine pour nos Bon-Marché et nos Printemps. Pour bien apprécier ce dont est capable l'art chinois dans le travail de l'ivoire, il faut aller chercher un objet purement chinois. C'est un tronçon de dent d'éléphant divisé en deux longitudinalement. La face plate en a été ensuite évidée de façon à former une surface concave sur laquelle le sculpteur a donné libre carrière à son habileté.

Et il y a une raison qui tend à faire de ces objets des chefs-d'œuvre : c'est leur usage. Ils sont destinés à servir d'appui-main aux lettrés en écrivant. Pour être un bon calligraphe, en l'Empire du Milieu, la bonne tenue de la main qui tient le pinceau est indispensable. Cette bonne tenue exige que l'avant-bras seul prenne un appui sur la table, tandis que le poignet et la main, qui tient le pinceau entre le pouce, l'indicateur et le médium, restent en l'air, position fort fatigante que les épicuriens disciples de Confucius rendent plus facile en glissant sous le poignet le demi-cylindre d'ivoire dont je viens de parler. Cet appui-main constitue un des instruments de travail des lettrés, quoiqu'il ne figure pas parmi les « quatre trésors du cabinet de travail » qui sont le pinceau, le papier, l'encre et l'encrier, et à ce titre il a droit à tous les soins des artistes dans un pays qui professe un si grand respect pour tout ce qui touche, de loin ou de près, au savoir, qu'il y existe une congrégation de bonzes qui passent leur temps à réunir et à brûler tous les morceaux de papier qui portent des caractères, écrits ou imprimés, afin d'empêcher que ces *reliques* de la science humaine ne soient profanées par de vulgaires emplois.

J'ai entre les mains un de ces magnifiques appuis-main. Sur sa face concave, protégée par sa forme des chocs et des frottements, un artiste a sculpté les principales scènes de la vie d'un souverain chinois des temps fabuleux. Des personnages mythologiques, des animaux fantastiques, de brillants cortèges s'y déroulent en spirale, avec les rondeurs luisantes d'un monde d'ivoire, comme sur le fût d'une colonne. Les physionomies sont vivantes, les feuillages légèrement découpés et les animaux eux-mêmes, en dépit de quelques bizarreries dans leur conformation anatomique, sont bien vivants. Les ouvriers qui sculptent ces appuis-main sont de vrais artistes, tandis que ceux qui fabriquent des curiosités pour le marché parisien ne sont que de vulgaires manœuvres, doués de cette incroyable patience qui distingue la race chinoise.

Si ces appuis-main sont une production purement chinoise, ils ont bien leur valeur, même au point de vue de l'art occidental; mais

maintenant le lecteur me permettra de lui parler
d'œuvres d'art qui n'ont de valeur qu'en Chine,
et seulement aux yeux des collectionneurs jaunes.
Le jade, comme pierre précieuse, est presque
inconnu en Occident; seuls nos minéralogistes
en connaissent l'existence, et jamais il ne vien-
dra à l'idée d'un de nos joailliers de dépenser
des années de travail pour façonner un morceau
de cette pierre dont la dureté n'a d'égale que
sa fragilité, ce qui en rend la taille extrêmement
difficile et longue. Cependant, pour les Chinois,
le jade est la pierre précieuse par excellence ; ils
en connaissent à fond toutes les variétés; il
constitue, à leurs yeux, le plus bel ornement;
leurs poètes en ont chanté la beauté sur tous les
tons ; en un mot, c'est le *diamant de la Chine*.

Aussi certaines pièces taillées dans un bloc de
jade de qualité recherchée, comme par exemple
le *vert foncé*, ou le vert gris, atteignent-elles
des prix qui nous paraissent insensés. J'ai là
devant moi deux petites tasses, hautes de 5 centimètres au plus. Elles sont taillées dans deux
blocs vert foncé, sans veines ni défauts. Le
marchand m'en demande 7,500 francs sans

sourciller, bien convaincu qu'il est de trouver un acheteur, même à ce prix, parmi les grands seigneurs de la capitale. Mais le *diamant chinois* est comme *son cousin* le *diamant européen*; la variété, la taille et la grosseur contribuent simultanément à la fixation de sa valeur, et les amateurs profanes risquent fort de se faire horriblement *mettre dedans*. Voilà, à côté de ces deux tasses microscopiques, une épaisse plaque de jade de forme elliptique, mesurant au moins 40 centimètres de tour. Sa face supérieure, ciselée avec soin et à jour, représente un bouquet de fleurs sur lequel voltigent des libellules à la taille effilée, des papillons aux larges ailes. Pour mon goût européen, ce morceau me plaît bien plus que les deux tasses ses voisines, et cependant le marchand me le cède pour 30 francs.

Je cite cet exemple pour dissuader les collectionneurs, immigrés sur les côtes du Céleste Empire, de se laisser aller à la fantaisie de collectionner des jades. S'ils le font, ils doivent se préparer à faire de très dispendieuses écoles, car ils se trouveront entourés des amateurs jaunes, bien plus ferrés qu'eux sur la classifica-

tion des jades, qui leur enlèveront les bonnes
occasions, et de marchands, non moins jaunes,
qui leur feront avaler des couleuvres de jade
gigantesques.

Parmi toutes les variétés de jade, il en est
une que les Chinois estiment tout particulièrement : c'est le jade jaune. En outre de sa rareté,
et peut-être même à cause de cela, il est considéré comme un talisman merveilleux qui défend
du mauvais œil, — *male occhio ;* — c'est le
collègue de la corne ou du poing fermé qui fait
échouer les complots des *jettatori* napolitains.
Je dois avouer que toutes mes recherches pour
découvrir un morceau de ce jade fameux ont été
infructueuses ; et chaque fois que j'ai demandé à
un Chinois où je pourrais voir un spécimen de
cette pierre doublement précieuse, il m'a déclaré
n'en avoir jamais vu lui-même, mais qu'il en
existe un superbe spécimen sur l'autel de la
Terre impériale, dans le temple dédié à cette
divinité. Cela me fait supposer que là encore il
y a une erreur de mots qui tend à faire paraître
ces pauvres Chinois plus sots qu'ils ne le sont.
Ce qu'on a traduit par jade jaune veut simple-

ment dire « pierre précieuse jaune », car dans la langue chinoise, le mot *yu* — jade — est en même temps employé, comme expression générale, pour désigner les pierres précieuses.

Un tour de force que les ouvriers chinois aiment à exécuter avec le jade consiste à tailler, dans un seul bloc, une petite tasse ou un verre avec des oreilles portant chacune un anneau, aussi de jade, d'un seul morceau; ce qui fait que tasse, oreilles et anneaux forment une pièce monolithe. Il faut vraiment toute la patience d'un jaune pour parvenir à façonner, par le frottement bien plus que par la taille, un léger anneau dans une pierre aussi fragile et aussi dure que le jade, et cela sans le séparer du reste de la masse.

CHAPITRE VI

Bronzes jaunes et laque rouge.

Après les jades, où les artistes chinois sont les maîtres par la simple raison qu'ils n'ont point de concurrents, voici les bronzes.

Il est bien vrai qu'en toutes choses, comme en électricité, les contraires s'attirent et les semblables se repoussent. Parmi toutes les matières travaillées par les artistes, s'il en est une qui possède les mêmes qualités et les mêmes défauts que la race chinoise, c'est bien certainement le bronze. Comme elle, il résiste aux ravages du temps, conserve presque immuable, à travers les siècles, la forme qui lui a été donnée ou l'empreinte qu'il a reçue. Bronze vivant, le peuple chinois n'a-t-il point conservé intactes les lois de son prophète Confucius, avec une fidélité qui rend leur déchiffrement bien autrement facile que celui des caractères à moitié effacés des tables eugubines? Et leurs contemporaines, les fameuses tables de Gaius, que sont-elles devenues? Nos savants donneraient de bien grosses sommes pour retrouver seulement un de leurs fragments!

Et cependant, le génie artistique du peuple chinois n'a jamais pu faire sortir des chefs-d'œuvre de cette matière faite à son image. Ses bronzes sont pauvres, au point de vue de la beauté de l'alliage, plus pauvres encore sous le rapport du travail, et tout à fait inférieurs pour ce qui est des sujets qu'ils représentent. Ce sont des chameaux désossés, des dieux de la longévité qui ressemblent à des squelettes, des fruits qui vous font grincer les dents, rien qu'à les voir, tant ils donnent peu l'apparence de la réalité. Même le métal qui sert, en Chine, à fabriquer les gongs et autres instruments de musique bien chinois, ne se fait remarquer par aucune qualité extraordinaire. Les gongs japonais, qui vibrent et pleurent pendant des heures sous la main qui les touche, sont bien autrement sonores que ceux que l'on fabrique sur les bords du Fleuve Bleu.

De ces gongs, nous ne connaissons, en

Europe, d'autre spécimen que ces grandes bassines, employées dans les orchestres, et qui remplacent, dans leur patrie, nos tambours et nos clairons. Placés à la tête du cortège d'un grand mandarin, ils préviennent la foule d'avoir à se ranger, si elle ne veut faire trop ample connaissance avec les fouets des gardes de Son Excellence. Frappés d'une certaine manière, au milieu du silence de la nuit, ils disent l'heure aux paisibles habitants; enfin, frappés à coups redoublés, ils sonnent le tocsin. A son appel, le calme cesse de régner dans les habitations, car on sait qu'ils ne font jamais entendre leur lugubre voix que pour annoncer une calamité, un incendie, une invasion de brigands.

Quant aux gongs qui produisent les plus beaux sons, ils ont la forme d'une marmite en terre. On les rencontre presque toujours dans les temples, près de l'autel; un bonze les frappe doucement avec une baguette recouverte de morceaux de drap. Alors ce bronze d'aspect grossier se met à chanter un chant d'une douceur extrême, qui s'en va lentement en se dissipant ainsi que les nuages de fumée, auxquels il sert d'accompagnement, qui s'élèvent, en légères spirales, des encensoirs de l'autel.

Dans l'art de travailler le bronze, on ne peut pas dire que les Chinois soient en décadence, par la simple raison qu'ils étaient, sous ce rapport, tout aussi peu avancés il y a deux siècles qu'à l'heure qu'il est. Au reste, ce n'est point seulement le bronze que les disciples de Confucius ne savent que fort mal façonner à leurs besoins ou à leur fantaisie, il en est de même pour tous les métaux. Les sabres chinois sont de vulgaires morceaux de fer qui n'arrivent à couper un peu que lorsque la vieillesse a creusé sur leur tranchant des dents aussi nombreuses et aussi profondes que celles d'une scie. Les armures, que les Japonais employaient beaucoup, semblent aussi avoir été peu communes en Chine, où la seule protection des fantassins a toujours consisté en un immense bouclier d'osier.

Cette inhabileté des Chinois à travailler les métaux, l'habileté des Japonais dans cet art, nous sont une nouvelle preuve que ces deux peuples appartiennent à des races différentes.

De tous les arts cultivés dans le pays du
« Soleil levant » il n'en est qu'un seul, celui de
travailler les métaux, qui ne soit pas une importation de l'Empire du Milieu. C'est là que les
sujets du Mikado ont appris à fabriquer la porcelaine, à travailler la laque, à broder sur la
soie, et même à philosopher et à faire gémir la
presse. En tout cela ils ne se sont point con-
tentés d'être de vulgaires copistes ; l'art japonais
s'est affranchi de bonne heure de la tutelle de
ses voisins ; il s'est mis à voler de ses propres
ailes ; il s'est créé des écoles indigènes qui sont
souvent arrivées à surpasser, sous certains rapports, les artistes chinois. Seul, l'art du bronze
constitue une exception à cette règle ; il a atteint,
depuis des siècles, dans les États du Mikado
un grand développement.

Seulement, autant les Japónais sont imitateurs, autant les Chinois le sont peu, ce qui
fait qu'en dépit des relations fréquentes entre
les deux peuples, jamais il n'est venu à l'idée des
derniers d'apprendre des premiers l'art, si utile,
de travailler les métaux. Les disciples de Confucius, qui ont appris tant de choses à *leurs*

vassaux les Japonais, n'ont même point daigné demander à ces derniers, en échange de tant de services, de leur apprendre à forger une bonne lame d'épée, ou à nieller avec goût un beau vase de bronze. Ils ont bien voulu des imitateurs, au risque de se préparer des concurrents, mais ils n'ont jamais voulu et ne voudront jamais accepter des maîtres.

Je m'arrête peu à examiner les bronzes qu'on me propose. Ils sont tous médiocres et je demande qu'on les remplace de suite par une collection d'objets de laque : encore un art dans lequel les Chinois ont excellé autrefois, mais où ils se sont laissé, de nos jours, distancer par leurs élèves les Japonais. La laque est, comme on le sait, un vernis dont les couches superposées se durcissent avec le temps, en prenant un aspect luisant. Avec ce vernis, les Chinois ne fabriquent plus maintenant que des objets d'un usage journalier : de grandes boîtes rondes qui servent de garde-manger aux restaurateurs jaunes pour porter les mets chez leurs clients, et autres cassettes *ejusdem farinæ*.

Sous Kang-chi et sous Kien-long, on fabriquait de très beaux coffrets, ronds ou carrés, en laque, et la beauté de la matière était encore rehaussée par des sculptures faites dans la masse même du vernis, ce qui exigeait des couches très nombreuses de ce dernier. Aussi reconnaît-on facilement, à cause de cela, les laques anciennes. Elles sont très lourdes, comme leurs contemporains les émaux cloisonnés.

J'ai là devant moi une cassette carrée : l'intérieur est soigneusement garni d'une couche de laque noire, et, à l'extérieur, des dragons fantastiques, sculptés dans de la laque rouge, s'entrelacent en un fouillis inextricable de têtes, de pattes et de queues. J'examine ce coffret. Il mesure à peine 20 centimètres de longueur sur 10 de largeur et autant de hauteur ; et cependant je suis sûr qu'il pèse plus de 2 kilos.

Les belles pièces en laque du grand siècle de Kang-chi et de Kien-long, ces Louis XIV de l'Extrême-Orient, en dépit de la beauté de la matière, de la difficulté de la tailler avec finesse, ont toutes un même défaut : leur couleur rouge qui vous rappelle involontairement un gros bâton de cire à cacheter. Quant aux laques d'une autre couleur, les Chinois semblent ne les connaître que depuis peu, et ils ne les ont pas encore employées dans des productions vraiment artistiques ; ils se contentent d'en user pour orner des montures d'éventails, des boîtes à gants, et autres marchandises à l'usage du Bon-Marché et du Printemps.

En outre d'avoir le défaut de ressembler à de la vulgaire cire à cacheter, les vieilles laques chinoises ont un autre inconvénient, pour un pauvre diable comme moi : c'est la haute estime que professent, à leur endroit, les collectionneurs jaunes, ce qui fait qu'elles sont d'un prix très élevé.

CHAPITRE VII

**Scène d'intérieur. — Des collectionneurs inconnus en
Occident. — L'encre de Chine.**

Je fais donc emporter à regret les jolis
coffrets en laque, trop chers pour ma bourse, et,
pendant que les commis apportent une nouvelle
cargaison de tentations, j'admire le caractère
bien chinois du tableau que j'aperçois au travers
de la grande glace qui forme le centre de la
fenêtre.

C'est la cour intérieure de l'habitation du
marchand. Tout autour, des bâtiments à un
seul étage, avec leurs étroites vérandahs garnies
de bois découpés en arabesques. Dans un coin,
un petit rocher artificiel d'où sort une touffe de
bambou au feuillage léger ; à côté, une grande
vasque, en poterie vernissée, remplie d'eau, où
des poissons rouges et jaunes, aux corps bizarres,
s'ébattent joyeusement au milieu d'une végéta-
tion aquatique et des jolies pierres qui en garnissent le fond. Enfin, sous l'une des vérandahs,

toute une collection de chrysanthèmes, en pots,
laissent voir la riche palette de leurs larges fleurs
aux couleurs variées.

Cette cour forme un ravissant petit tableau
d'intérieur. Tout y respire cette calme bonhomie
du négociant chinois après une journée bien remplie. C'est la vie chinoise dans son charme
intime ; et en la voyant on goûte mieux ces
nébuleux sonnets qui abondent sur les éventails,
les tasses à thé, les bronzes et les porcelaines.

Pendant que je me laisse aller à la rêverie,
en contemplant ce petit coin de la vie chinoise,
on apporte devant moi toute une collection de
curiosités, fort recherchées en Chine, mais qui
trouveraient, je crois, très peu d'amateurs dans
les salles de la rue Drouot. C'est un assortiment
*de bâtons d'encre de Chine de la grande épo-
que de Kang-chi et de Kien-long*, bien authentiques, et qui se vendent, aux amateurs jaunes,
au poids de l'or ou de l'argent suivant la signature qu'ils portent, car il y a en fait d'encre de
Chine des écoles tout comme pour nos peintures.

Et n'allez pas croire, chers lecteurs, que les
collectionneurs d'encre de Chine emploient les

trésors de leurs collections pour écrire, ou même qu'ils se permettent de frotter légèrement, sur l'ongle humide, un de ces pains plus que centenaires, afin de se procurer la jouissance d'un léger aperçu de leur couleur divine. Non. Ils les achètent et les collectionnent sans même se permettre d'essayer si l'encre qui les compose est bon teint. Ils font comme ceux de nos bibliophiles qui entassent dans leurs bibliothèques des trésors innombrables qu'ils se permettent quelquefois de feuilleter, jamais de lire, dans la crainte de les abîmer.

Pour le collectionneur d'encre de Chine, la vue des bâtons portant la marque de célèbres fabricants suffit à son bonheur. Un pain qui porte le nom de Liting-Kouéi, au milieu d'un enlacement de dragons fantastiques dorés et de nuages bleus tout aussi allégoriques, lui met la joie dans l'âme ; il le contemple, le tourne et le retourne, sans même se demander si cette respectable relique n'a pas perdu, avec le temps, toutes les qualités qui ont fait sa célébrité au temps de sa jeunesse.

Je ne donnerai point ici une nomenclature

des célèbres écoles de fabricants d'encre de
Chine, ni un aperçu bibliographique des innombrables ouvrages, prose et poésie, consacrés aux
plus importants des *quatre trésors du cabinet
de travail*. Je prendrai la liberté de renvoyer
ceux de mes lecteurs que ce sujet pourrait inté-
resser à un ouvrage qui lui est spécialement
consacré, et cela en dépit du peu de mérite de
son auteur [1]. Je me contenterai de faire remarquer que le poids constitue le principal signe à
l'aide duquel les amateurs reconnaissent les
bâtons anciens des modernes, sans avoir recours
à l'essai sur un morceau de papier ou sur l'ongle.
Ce caractère distinctif du vieux, nous l'avons
déjà signalé dans les émaux et dans les laques.
On dirait que les grands artistes jaunes, peu
convaincus du bon goût des amateurs, leurs
compatriotes, ont voulu donner à leurs chefs-
d'œuvre une valeur intrinsèque que chacun puisse
apprécier, et qui consiste à employer sans
compter la matière première dont ils se servent.

---

1. *L'Encre de Chine, son histoire et sa fabrication,* par
Maurice Jametel. Ouvrage couronné par l'Institut de France et
orné de 29 gravures d'après des originaux chinois. Collection
elzévirienne orientale de Leroux. Paris, 1883.

De la sorte, un Auvergnat sait apprécier une merveille du siècle de Kang-chi aussi bien qu'un critique d'art. L'abondance de la matière lui arrache, pour ainsi dire, l'admiration.

Ces bâtons d'encre de Chine, aux faces artistement sculptées, ne me plaisent guère. Leur prix est très élevé, et vraiment il faut avoir la peau jaune pour apprécier une encre dont il n'est pas permis de se servir pour écrire. Aussi prends-je congé de mon boutiquier qui me promet, pour le lendemain, des *objets beaucoup plus européens*, et je regagne ma charrette qui m'attend à la porte du temple, auquel la venue de la nuit a rendu son calme monacal.

TROISIÈME PARTIE

LA CHINE DES BOUQUINS

CHAPITRE PREMIER

**Mon compagnon de chasse. — Le Chinois type occidental
ou l'occidentalomanie à Pékin.**

Je vois encore dans *la Vie de Bohème*, cette
spirituelle comédie de Mürger, arriver en un
salon un respectable savant, aux immenses
lunettes et à l'aspect grave. On lui demande de
quelle science il s'occupe ; ce à quoi il répond,
avec dignité : De *la langue chinoise*. Hier encore
cette réponse provoquait un immense éclat de
rire parmi les spectateurs. Alors l'adjectif *chinois*
exprimait en lui-même une idée de grotesque.
Mais aujourd'hui tout cela est bien changé. Nos
organes quotidiens jonglent avec les syllabes les
plus barbares du vocabulaire chinois ; ils parsè-

ment leurs articles de Li, de Tchang, et surtout
de Fou si nombreux qu'il se pourrait que plus
d'un de leurs lecteurs, troublé par ces *chinoi-
series*, ne s'en fût finir ses jours à Charenton.
Nos reporters sont maintenant aussi bien au courant de la vie intime de messieurs les mandarins qu'ils connaissent à fond le cabinet de
Mme Théo. .

Puisque la mode est à la chinoiserie, je crois
donc pouvoir, sans trop risquer d'ennuyer mes
lecteurs, leur parler d'une chinoiserie toute spéciale, peu connue encore en Europe, et qui m'a
procuré de bien doux moments, alors que j'avais
le bonheur de vivre sur les bords de la mer
Jaune.

Les bouquins chinois, comme tout ce qui
vient des domaines du Fils du Ciel, ont, eux
aussi, leurs curiosités et leurs particularités ; et,
comme leurs collègues d'Occident, ils sont
recherchés et appréciés par la gent des bibliophiles qui sont jaunes au lieu d'être blancs.
Puisque, à notre époque, les diplomates, les
marins, les marchands, et même malheureusement les soldats blancs et jaunes ont appris à

se connaître et à s'apprécier, pourquoi les bibliophiles et les libraires des deux couleurs ne
feraient-ils pas aussi de même, pour le plus
grand profit de la science et de la curiosité ? Je
vais essayer, dans les lignes qui vont suivre, de
faire faire un premier pas à la question en
apprenant à nos amateurs de beaux livres qu'il
y a de par la Chine bien des hommes dignes de
les comprendre et dont le cœur bat à l'unisson
du leur.

J'avais déjà projeté depuis longtemps avec
mon ami l'intendant de circuit, Yang-king-
tchong, d'aller faire une promenade chez les
principaux libraires de Pékin, pour essayer de
nous approprier, dans les meilleures conditions
possibles, toutes les raretés que la froide brise
protégeait, mieux encore que n'auraient pu le
faire les plus solides verrous, contre les convoi-
tises des amateurs. Nous étions, en effet, au
mois de février, à la veille du jour de l'an chinois ; la terre légère qui constitue le seul maca-
dam des rues de Pékin avait pris de la consis-
tance sous l'influence desséchante d'un froid
de 25° au-dessous de zéro, et elle résonnait sous

le pied des passants presque à l'unisson des tambours monstrueux des pagodes qui redoublaient leur charivari pendant la mauvaise saison, afin d'attirer dans le sanctuaire, non pas les fidèles, mais les offrandes qui permettent, aux bonzes qui le desservent, de braver les âpres attaques de l'aquilon avec un estomac bien plein et des vêtements bien capitonnés.

Nous partîmes, mon ami et moi, sur les midi, du pont de Yu-ho-kiao (pont du fleuve impérial), partie sud-est de la ville impériale, pour nous rendre à Léou-li-tchang, la rue des libraires, qui se trouve en dehors de ses murs, dans la ville chinoise. La cité impériale que nous quittons ne possède aucun de ces établissements qui font la joie des bibliophiles, sans doute parce que sa population de soldats et de fonctionnaires se soucie fort peu des choses de l'esprit.

Au moment de notre départ, le soleil brille de son plus vif éclat dans un ciel d'une pureté admirable qui constitue un des plus grands charmes des hivers de Pékin.

Le froid sec et ce beau soleil font désirer le

mouvement, et nous nous décidons à faire la route
à pied, quoique nous ayons deux bons kilomètres
à faire avant d'arriver au centre de nos opérations.

Chemin faisant, pendant que nous suivons
la rue qui va nous conduire à la porte de Tsien-
meun, par laquelle nous sortirons de la cité
impériale pour entrer dans la ville chinoise, je
vais profiter du peu d'intérêt qu'offre la route
pour présenter aux lecteurs mon compagnon
d'armes.

Yang-king-tchong est un richard de la ville ;
il a gagné un fort gros tas de lingots d'argent à
vendre aux étrangers des porcelaines neuves,
qu'il faisait passer pour des chefs-d'œuvre des
plus beaux temps de la céramique chinoise,
du siècle des Ming, des Kang-chi et des Kien-
long, de vieux tessons raccommodés avec art et
qu'il vendait comme intacts en déclarant bien
haut que « s'il avait l'audace de mentir, il serait
indigne d'être homme [1] ». De son ancien métier,
Yang-king-tchong avait conservé un certain respect pour toutes les choses de l'art et de la litté-

1. Formule de serment fort usitée par les Chinois.

rature, et une sincère admiration pour les *inven-
tions diaboliques de l'Occident*, dont il avait pu
apprécier tous les avantages pendant ses longues
visites chez ses *bons clients les Européens*.
Aussi, lorsque l'heure de la retraite avait sonné
pour lui, il avait été s'établir dans une vaste
maison, voisine du palais impérial ; et là, à
l'abri de l'impénétrable mur de la vie privée, il
avait divisé sa demeure en deux parties égales,
complètement séparées l'une de l'autre.

La première de ces parties, qui était celle
où il recevait ses compatriotes et où un appartement était réservé à ses nombreuses femmes,
était exclusivement vouée au culte de la tradition ; tout y était chinois et d'un chinois
sans mélange. C'est là que se trouvaient sa
bibliothèque de livres chinois qui comptait plus
d'une merveille, une riche collection de porcelaines, d'ivoires travaillés, de jades et de soieries
dont chaque pièce attestait, par son authenticité
et ses mérites, que son propriétaire ne péchait
point par ignorance, lorsqu'il faisait passer des
potiches, toutes fraîches encore du feu des four-
neaux, pour des vestiges des siècles passés. Bien

mieux, il poussait l'amour du bibelot si loin que pour assurer le recrutement de ses collections, il n'avait pas hésité à commanditer un certain nombre de ses anciens collègues, plus pourvus de ruse que de capitaux, ce qui lui permettait d'exercer un droit de préemption sur le produit de leurs recherches.

Quant à la seconde partie de l'habitation de mon ami, n'y entre point qui veut. Ses compatriotes en sont généralement exclus. Ici, tout est à l'européenne : le gaz, que lui fournit une petite machine, remplace la lampe fumeuse de ses ancêtres ; les moelleux sofas, recouverts en velours d'Utrecht, remplacent les durs fauteuils en bois noir de Canton ; dans le laboratoire où travaille le maître du logis, les longs cols des cornues surgissent d'un amoncellement d'appareils photographiques, et des madras, aux formes rebondies, sommeillent entre les jambes fragiles d'une machine électrique.

Elle renferme une bibliothèque composée de traités techniques sur la médecine, la physique, la chimie, l'astronomie et autres sciences d'origine occidentale. Tous ces traités forment une sorte de tour de Babel scientifique ; les uns sont écrits en français et viennent en droite ligne des imprimeries des Masson, des Germer Baillière ; d'autres sont en anglais, en russe, en allemand, en italien. J'y découvris même un jour un *Traité sur l'homme préhistorique*, écrit en suédois.

Vous allez peut-être penser, chers lecteurs, après avoir lu cette énumération, que ces Chinois de paravent, dont on raconte de si étranges choses, sont bien merveilleusement doués pour l'étude des langues ; aussi je vais m'empresser de vous désabuser en vous apprenant que cet excellent Yang-king-tchong était incapable d'épeler un seul mot des nombreux volumes que renfermait sa bibliothèque scientifique. Je crois inutile d'ajouter que son ignorance des langues dites sémitiques lui défendait la lecture de tous ces chefs-d'œuvre ; il en était donc réduit à en étudier les gravures, à admirer les beautés d'une étude anatomique, à débrouiller avec peine le mécanisme des machines sur des dessins compliqués qui lui faisaient un peu l'effet de ces casse-tête dont nous accusons ses compatriotes d'être les inventeurs.

Cependant, lorsqu'une gravure lui semblait plus digne que les autres d'attirer son attention, il appelait à son aide son secrétaire, un ancien prosélyte des missions catholiques que l'on avait élevé jusqu'à l'âge de dix-huit ans dans un séminaire, dans l'espoir d'en faire un jour un abbé jaune ; mais lorsque l'âge viril était venu, il s'était dit qu'après tout la loi de ses ancêtres commandait de prendre autant de compagnes qu'il en pourrait nourrir, que le peu qu'il avait lu dans un journal à caricatures que lui prêtait son professeur de théologie l'avait suffisamment édifié sur l'incompatibilité absolue du célibat et de la couleur jaune. Après mûres réflexions, le malin secrétaire avait donc jeté aux orties le froc qu'il n'avait même pas encore endossé, et, au moment où je le connus, il avait mis au service de Yang-king-tchong une faible connaissance du latin et du français, seul souvenir qu'il eût gardé de son long séjour au séminaire.

Quant au titre d'intendant de circuit que j'ai donné à mon ami au commencement de ce récit, cette fonction ne lui imposait d'autre labeur que de pouvoir, lorsque la fantaisie lui en prenait, orner le sommet de son chapeau d'un magnifique bouton de corail, insigne réservé aux fonctionnaires de premier rang. Pour avoir le droit de porter ce bouton rouge, il n'est plus maintenant besoin de passer de longues années à « approfondir le sens caché des écrits des sages », il suffit, pour se payer ce luxe, de verser entre les mains du ministère compétent une somme d'argent suffisamment grosse, et c'est par ce procédé, relativement facile, que Yang-king-tchong était devenu un intendant de circuit « sans circuit ».

Au reste, notre intendant n'avait nullement la morgue qui caractérise les mandarins, ses collègues ; c'était un fort bon enfant qui aimait le champagne plus que le thé, et qui avait le bon esprit de ne point faire un crime aux Européens de s'être laissé extorquer leurs dollars par un malin sujet du Fils du Ciel, qui avait su exploiter, à son profit, leur ignorance de la céramique chinoise.

CHAPITRE II

**Une promenade en ville. — La Porte du Fils du Ciel.
« Au Moissonneur de moutarde ».**

Nous voici arrivés à la « bouche occidentale », ainsi que le porte mon plan chinois de
Pékin, de la rue du Kian-mi-kiang que nous
avons prise en quittant Yu-ho-kiao.

Devant nous s'alignent les barrières de bois,
peintes en blanc, qui forment une vaste esplanade
entre la porte de la cité impériale et celle de la
« ville interdite », ou palais impérial proprement
dit. Cette dernière est la fameuse porte de
Ta-tsing[1] (de la grande pureté) qui ne s'ouvre
jamais que pour livrer passage au Fils du Ciel,
tandis que le commun des mortels pénètre dans
le palais par les deux portes latérales.

Quant à la grande porte de Tsien-meun, elle
est ouverte à tout venant, du lever du soleil à
son coucher, comme les huit autres portes de

---

1. Ta-tsing est aussi le nom de la dynastie tartare mandchoue
qui règne actuellement en Chine.

la ville. Malgré cela, sa position en face de l'entrée principale du palais impérial en fait une porte d'exception ; on peut même dire qu'elle est unique en son genre, car, tandis que les huit autres ouvertures sont placées symétriquement, deux par deux, sur les quatre côtés de. la muraille qui entoure la ville, elle seule est percée juste au milieu d'un de ces côtés ; puis, elle seule aussi s'ouvre pendant la nuit, vers les quatre heures du matin, pour laisser pénétrer dans la ville impériale les fonctionnaires de l'empire, qui vont assister aux audiences du palais impérial ou des grandes administrations, qui se donnent en toute saison avant l'aurore. Les empereurs chinois ont, depuis bien longtemps, observé avec un soin scrupuleux l'habitude, qui leur a été léguée par leurs ancêtres, de se coucher tôt et de se lever de même, afin de profiter de la lucidité d'esprit que donne un sommeil réparateur pour traiter les affaires de l'État. Le maître se levant au premier appel du coq, ses serviteurs sont bien obligés d'imiter son exemple, et qu'il pleuve ou qu'il gèle, Leurs Excellences, les ministres du Fils du Ciel, n'en sont pas moins obligés de s'arracher, de temps à autre, aux douceurs d'un lit bien chaud, vers les trois heures du matin, pour aller recevoir les instructions de leur souverain.

Nous traversons la double porte de Tsien-meun, au milieu d'un mouvement très actif de charrettes de toutes sortes, d'ânes et de piétons, criant et vociférant à qui mieux mieux dans l'espoir de se frayer plus vite un passage à la force de leur gosier. Nous voici dans la ville chinoise ; après avoir suivi pendant quelques centaines de pas la grande rue qui fait suite à Tsien-meun, nous tournons à droite, et, après avoir parcouru une ruelle fort étroite et encore plus encombrée, nous entrons dans Léou-li-tchang, la rue des libraires.

Léou-li-tchang est, en effet, exclusivement réservé aux libraires, et c'est avec beaucoup de peine que quelques brocanteurs et papetiers ont pu s'y faire une petite place, dans quelques coins dédaignés par messieurs les bouquinistes. Au reste, on retrouve dans toutes les villes chinoises cette même tendance de concentration d'une branche de commerce dans un même quartier ou dans une même rue ; habitude que les Chinois ont partagée, du reste, pendant bien longtemps, avec nous, ainsi que le prouvent encore les noms de certaines rue de Paris, comme la rue de la Parcheminerie, le quai des Orfèvres, la rue des Lombards.

Incapable de résister à sa passion du bouquin, Yang m'entraîne vers la première boutique qu'il aperçoit. De chaque côté de l'établissement où nous entrons se dressent deux immenses planches de bois bien peintes et vernies sur lesquelles se lit, écrite en grands caractères dorés, l'inscription suivante, qui a exercé une si puissante attraction sur ce cher intendant de circuit : *Au Moissonneur de moutarde. Librairie. Livres anciens et modernes* (sic).

Dans les boutiques pékinoises en général et dans les librairies en particulier, l'étalage est chose inconnue ; aucun indice extérieur, à l'exception des monumentales enseignes dont nous venons de parler, n'indique l'industrie exercée par ceux qui l'occupent. La devanture est formée, comme la muraille extérieure de toutes les pièces chinoises, d'un treillis fort serré de légères baguettes de bois, tapissé, du côté de l'extérieur, avec du fort papier coréen qui remplace nos vitres. Au milieu du treillis s'ouvre la porte de l'établissement dont la moitié supérieure est formée de la même façon que la muraille qui l'entoure, avec cette seule différence qu'en son milieu, sur une superficie d'un décimètre carré, le papier a été remplacé par un petit morceau de verre à vitre, importation européenne, qui fait l'office de nos judas, et qui permet en même temps à ses habitants de voir ce qui se passe dans la rue, et de reconnaître les personnes qui vont entrer.

Dès que nous approchons, un des associés de la librairie, qui nous a vus venir à travers son judas, ouvre et nous reçoit avec force salutations accompagnées de toutes sortes de vœux de bonheur et de prospérité.

Nous franchissons le seuil et nous voici dans une vaste chambre dont le sol est formé par une aire battue comme celles de nos granges, et dont deux des côtés, celui du fond et celui de droite, sont occupés par des rayons qui s'étagent du plancher jusqu'au plafond, tandis que le côté gauche est fermé par une cloison en papier de Corée et est percé d'une porte qui donne accès sur une pièce plus petite qui constitue ce que nous nous permettrons d'appeler, afin que le lecteur puisse saisir plus facilement la topographie des lieux, *le département des estampes et des cartes géographiques.*

Une fois entrés, le patron, ou plutôt le premier associé de la maison, se précipite aussi à notre rencontre ; il renchérit encore sur son employé de démonstrations de sa politesse obséquieuse, et, tout en déroulant son chapelet obligé des formules stéréotypées de compliments, extraits mot pour mot des traités sur les rites, il nous conduit vers la partie gauche de la boutique et nous invite à nous asseoir aux deux extrémités d'un large sofa bas, en bois noir assez joliment travaillé, dont le siège est formé par de fines nattes bien tendues sur des châssis de bois.

CHAPITRE III

**L'intérieur d'une librairie pékinoise.
Livres et reliures jaunes.**

Nous voici tous deux confortablement assis
sur ce divan, les pieds appuyés sur deux longs
tabourets destinés à élever légèrement les genoux
au-dessus du siège, de façon à procurer une
position plus agréable à ceux qui l'occupent;
car, ne l'oublions pas, ces bons Chinois, qui
ignorent complètement le nom d'Épicure, n'en
sont pas moins fort experts dans l'art de prati-
quer sa philosophie. Entre nous deux, occupant
juste le milieu du sofa, se trouve une petite
table, à pieds courts, aussi longue que ce dernier est large. Le sofa et cette petite table constituent, réunis, le meuble indispensable de tout
appartement de réception chinois ; il forme une
véritable causeuse, et les sujets du Fils du Ciel,
petits et grands, aiment à s'y asseoir pour s'entretenir de leurs affaires, en humant avec délices

les vapeurs embaumées d'un excellent thé,
placé entre eux sur la petite table centrale.

La pièce où nous sommes n'a guère l'aspect
d'un magasin, et un boulevardier, qui s'y trou-
verait tout à coup transporté, se croirait bien
sûrement' dans la bibliothèque d'un bon bour-
geois de Pékin. En outre du sofa que nous occu-
pons, son ameublement se compose de quelques
chaises massives, tout en bois, et d'une grande
caisse, aussi en bois, garnie de nombreuses fer-
rures en cuivre jaune bien poli, qui étincellent
sous un rayon de soleil qui pénètre obliquement
par le judas de la porte, et que la face luisante
du coffre éparpille dans les quatre coins de la
chambre.

Cette caisse, bien hermétiquement fermée
par un gigantesque cadenas, renferme dans
son intérieur l'argent de la maison et les livres
de commerce, tandis que sur son couvercle,
transformé en table, s'étale un abaque cras-
seux, — machine à compter dont l'usage s'est
aussi répandu en Russie, — un pied de chrysanthème aux larges fleurs blanches, planté dans
une vieille potiche ébréchée de la famille rose

qui ferait le bonheur d'un collectionneur en Europe, et enfin un mouchoir, plié et roulé avec soin, jadis blanc et que l'âge a rendu grisonnant.

Sur la petite table du sofa trône une palette en ardoise, montée dans une boîte en bois, qui sert d'encrier aux disciples de Confucius ; tout près de là un petit vase de forme bizarre qui contient l'eau nécessaire pour délayer l'encre, et un vase cylindrique en bambou sculpté, rempli de pinceaux à écrire, désigné dans tout l'Extrême-Orient sous le nom de pitong (pot à pinceaux), nom qui indique bien son usage, mais qui ne peut supporter le voyage de Chine en Europe sans se transformer infailliblement en pot à tabac. Puis, au milieu de la table, sur une pyramide de fils de fer, s'enroule une de ces mèches faites de fiente de chameau mêlée à de la sciure de bois de santal, que l'on brûle devant les divinités du boudhisme, en place d'encens. Cependant se consumer devant des poussahs ventrus ne constitue point la seule fonction de ces mèches parfumées, et celle que nous avons devant nous sert tout simplement à allumer les petites pipes de nos libraires. Son parfum, mêlé à celui du musc que répand le bâton d'encre de Chine placé sur le bord de l'encrier, remplit la pièce de cette odeur caractéristique indéfinissable, aux effluves capiteux, qui vous poursuit partout lorsqu'on vit dans l'Empire du Milieu, et que les objets qui en proviennent conservent encore bien longtemps après qu'ils l'ont quitté.

Quant à la partie intéressante de notre boutique, c'est-à-dire les livres, ils sont disposés sur les rayons, non pas comme dans nos bibliothèques, mais bien tout comme chez nos éditeurs, c'est-à-dire entassés les uns sur les autres. Seulement, pour les préserver de la poussière, — précaution qui n'est point superflue dans un pays aussi poussiéreux que Pékin, — chaque ouvrage est enveloppé soigneusement dans du papier, et sur cette enveloppe se trouve collée une étroite bande de papier, ordinairement rouge, sur laquelle est écrit le titre de l'ouvrage, ce qui permet aux commis de se livrer à des recherches sans avoir besoin de défaire les paquets.

Nous nous étions promis d'enlever à l'assaut de nombreux trésors, mais voilà que dès le commencement des opérations nous en sommes réduits à nous tenir sur la défensive. Sur l'ordre du patron, les quatre commis de la maison viennent étaler devant nos yeux des merveilles de typographie, des éditions impériales aux reliures de soie jaune, des livres liturgiques boudhistes enfermés dans des boîtes en bois parfumé. Nous nous étions promis de vaincre et c'était nous qui étions obligés de nous défendre contre les tentations que toutes ces belles choses faisaient naître en nous.

Tout d'abord, avant de décrire les trésors qui furent exhibés devant nous, je vais donner quelques renseignements qui sont, je crois, complétement inédits en Europe, sur *Pékin considéré au point de vue du bibliophile,* dans l'espérance que ce que je vais dire sur ce sujet engagera mes lecteurs à aller bouquiner un peu sur les bords de la mer Jaune.

Pékin, au point de vue de la librairie comme sous tous les autres rapports, n'est à proprement parler qu'un vaste entrepôt de marchandises venant des quatre points cardinaux pour y être vendues aux soldats et aux nombreux mandarins qui occupent, avec la cour, le vaste camp retranché qui a nom la *cité impériale*. Cet entrepôt est lui-même entouré de murailles et forme, sur le côté sud de la cité impériale, un faubourg qui est appelé *la ville chinoise* proprement dite. Pékin, se trouvant situé au centre d'une région qui ne produit aucune des matières premières nécessaires à l'industrie, ne fabrique rien ; tout ce qui s'y consomme, même le riz, vient des provinces méridionales du Céleste Empire. Aussi on n'y trouve guère que des livres anciens, de ces belles éditions qui furent préparées sous la direction des Fils du Ciel, à l'époque de la renaissance littéraire qui se produisit au XVIIe et au XVIIIe siècle, sous le règne des deux souverains les plus illustres de la Chine des temps modernes, Kang-chi et Kien-long. A l'heure qu'il est, on n'imprime plus dans la capitale de l'Empire du Milieu que le journal officiel quotidien et la liste, — aussi officielle, — des fonctionnaires, qui remplace notre annuaire national, avec cette seule différence qu'il en paraît une nouvelle édition tous les trimestres, et quelques essais de littérature peu considérables.

Maintenant que nous avons énuméré les res- sources qu'offre aux bibliophiles la ville de Pékin, nous allons essayer d'expliquer, en quel- ques mots, en quoi consiste un livre chinois, c'est-à-dire en quoi il diffère des nôtres.

D'abord, le papier dont il est formé est en général de couleur jaune tirant sur le gris, — le papier blanc étant réservé pour les éditions communes ou de très grand luxe, — si mince qu'il ne pourrait être imprimé sur le recto et le verso. Les feuilles n'étant de la sorte impri- mées que d'un côté, les imprimeurs chinois ont dû nécessairement adopter un mode de pliage tout différent du nôtre; au lieu de plier la feuille en deux, puis en quatre, ils la plient comme les feuillets d'un paravent, de façon que les faces imprimées se trouvent toutes du même côté. Chaque feuillet de leur livre est donc double, mais les deux côtés imprimés sont seuls visibles.

Comme les sujets du Fils du Ciel ne savent pas relier leurs livres, ils réunissent plusieurs volumes, — peun, — dans une boîte qu'ils appel- lent une gaine, — tao. Cette boîte est faite en carton recouvert de toile bleue pour les éditions

ordinaires ; pour celles de luxe, la soie remplace
la toile, et quelquefois même elle est entière-
ment faite en bois de santal. Comme toutes les
gaines d'un même travail ne contiennent pas
le même nombre de volumes, pour indiquer
l'étendue d'un ouvrage, les libraires chinois ne
doivent donc pas se contenter de vous donner
le nombre des gaines, mais aussi celui des
volumes.

CHAPITRE IV

**Les précurseurs anonymes de Gutenberg.
Un miroir multicolore.**

Puisque nous sommes en Chine, montrons,
comme les Chinois, le plus grand respect pour
la vieillesse et commençons notre description
par un vénérable volume que le libraire nous
présente avec force recommandations de ne
point trop le manier à cause de son grand âge.
Et, en effet, il a dû être manié par bien des
générations d'étudiants d'abord, de curieux ensuite, puisqu'il fut imprimé à Nankin, au commencement de la dynastie mongole des Yuan,
c'est-à-dire en 1282, à une époque où notre
pauvre Europe avait encore à attendre près de
deux siècles la venue de Gutenberg.

Ce volume est un des livres classiques des
Chinois, le Chou-King, ou livre des annales de
leur histoire ancienne. Le papier, de couleur
jaune, mais d'un jaune gris qui est la patine

que le temps donne aux bouquins orientaux, est raide et fragile, comme s'il avait été à moitié calciné par un feu vif. La forme des caractères est très cursive et montre encore assez bien leur origine hiéroglyphique, qui a complètement disparu de l'écriture carrée des modernes disciples de Confucius. Il est donc facile, à première vue, de voir que le livre en question doit compter, pour le moins, deux ou trois siècles d'existence. Mais il porte en lui une autre excellente preuve de son authenticité. Les doubles feuilles, rendues fragiles par l'âge, ont été rajeunies à l'aide d'une espèce de rentoilage qui consiste en une feuille de fort papier qui est intercalée dans chacune d'elles. En outre, en regardant une de ces feuilles à la lumière du soleil, on y découvre, par transparence, une foule de petits points carrés ou ronds, qui sont autant de pièces rapportées pour cacher les trous faits par les vers, ou les déchirures résultant de l'usure. Sur un seul feuillet, je compte quarante-trois de ces raccommodages microscopiques.

La patience et l'habileté manuelle qui distinguent l'ouvrier chinois en font, il est vrai, un truqueur hors ligne. Mais nonobstant, j'ai peine à croire qu'un réparateur ait eu la patience de passer des mois à imiter des milliers de raccommodages afin de faire d'un livre des annales datant au plus du siècle dernier, un contemporain des premiers rois mongols de l'Empire du Milieu.

Bien sûr d'avoir affaire à une vénérable antiquité, j'en demande le prix au marchand, non point parce que son exécution typographique ou son texte me semblent merveilleux, mais seulement dans le seul but de doter l'Europe d'une nouveauté en son genre : un livre imprimé comptant six siècles d'existence. Mais, hélas ! j'avais calculé sans les idées des Chinois en fait de curiosité. Le vieux volume me fut offert pour 600 francs d'une façon qui indiquait, très clairement, que c'était un premier et dernier mot.

Ce prix exorbitant me fit un peu réfléchir. Le bouquin, bien qu'il fût vieux, pouvait être plus jeune d'un siècle ou deux que l'âge qu'on lui attribuait. Peut-être même, après tout, n'était-il qu'un frère cadet de nos incunables. Aussi je finis par le voir réintégrer, sans regret, dans la triple enveloppe qui le protége contre les atteintes du temps.

On m'apporte maintenant huit grandes enveloppes en belle soie jaune, de format in-folio. C'est un vaste recueil de discours, de remontrances et de mémoires adressés aux Fils du Ciel depuis l'antiquité jusqu'au xiie siècle. Le nom chinois de cette compilation est : *Miroir des sources profondes de la littérature antique.* L'édition que j'ai sous les yeux fut préparée, sous la direction de l'empereur Kang-chi, en 1685.

J'ouvre un des volumes au hasard; le papier blanc est d'un grain d'une finesse extrême; les caractères, aux traits minces, aux cambrures nettes, sans dureté, montrent une œuvre issue de cette période de la renaissance chinoise qui commence sous Kang-chi et finit avec Kien-long, pendant laquelle la typographie, comme bien d'autres arts chinois, produisit des chefs-d'œuvre qui ne font que rendre plus affreuses encore les productions antiartistiques de la Chine moderne. Mais ce qui constitue la plus grande beauté du

Miroir, c'est, sans contredit, son impression multicolore. Le texte de l'ouvrage même est tiré en noir. Les annotations des auteurs morts à l'époque de l'impression sont à l'encre bleue, couleur de deuil chez les Chinois; celles de l'empereur Kang-chi sont en jaune, couleur de sa dynastie, qui règne encore actuellement en Chine; les notes de ses précepteurs sont en vert pâle, et enfin celles faites par les savants, qui vivaient encore au moment de l'impression, sont en encre rouge, couleur des vivants.

La nuance de ces cinq couleurs, noir, bleu, jaune, vert et rouge, a été choisie et disposée, dans la mise en pages, de façon à produire un ensemble harmonieux, dont les contrastes ne fatiguent point l'œil. Les notes, rangées en colonnes verticales, comme tout écrit chinois, sont, les unes, intercalées dans le texte même, où elles forment des coupures en caractères plus petits, les autres sur la marge des feuillets; d'aucunes enfin sont rejetées en haut des pages, en vertu de ce principe qui veut que les Chinois fassent tout le contraire de ce que nous faisons. Nous mettons les notes de nos livres en bas des pages, eux les mettent en haut. Nous formons nos dates avec le quantième du mois, suivi du nom de ce dernier et du millésime de l'année ; eux, au contraire, forment les leurs en plaçant d'abord le millésime de l'année, puis le nom du mois, et seulement à la fin le quantième de ce dernier ; ce qui fait qu'ils écrivent 1882 janvier 25, au lieu de notre 25 janvier 1882.

Il fallait que les imprimeurs qui formaient le personnel de l'imprimerie de l'empereur Kang-chi fussent de très habiles praticiens pour arriver à un tirage en cinq couleurs aussi parfait, avec un matériel aussi primitif que celui dont ils se servaient. La mise en pages est irréprochable ; chaque recto d'impression correspond exactement à son voisin et à son verso. Puis, le repérage a été si soigné qu'il est impossible de s'apercevoir que l'impression en cinq couleurs a été obtenue à l'aide de cinq coups de presse et de cinq planches, comme nos papiers de tenture, tellement chaque caractère est bien à sa place par rapport à ses voisins et à l'ensemble de la page.

Yang s'amouracha du *Miroir*, et, après avoir bien marchandé, il l'échangea contre 30 piastres mexicaines, — 150 francs environ, — ce qui est bon marché comparativement au vieux vestige dont on m'a demandé 600 francs. Cette différence tient à ce qu'en fait d'art, les Chinois estiment avant toute chose l'ancienneté et le travail. Peu leur importe qu'un objet soit joli ou laid; s'il est très vieux, s'il est très rare, ou si sa confection a coûté beaucoup de travail, il a à leurs yeux une grande valeur. Les vieilles poteries des Tang (cinq siècles avant notre ère) sont plus estimées des amateurs chinois que leurs magnifiques porcelaines des Ming, de Kien-long ou de Kang-chi.

De même, ils font des folies pour acquérir une petite tasse en jade, uniquement parce que cette pierre est rare et qu'un ouvrier a dû passer des journées à la travailler, ou plutôt à l'user, car sa dureté est telle qu'aucun instrument ne peut l'entamer. En fait, en art comme en religion et en politique, la race chinoise a des théories qui nous semblent tout aussi barbares que les nôtres leur paraissent absurdes, et le seul moyen de les apprécier à leur juste valeur est de les juger au point de vue chinois, ce qui n'est point toujours chose facile pour nos esprits d'Occident.

CHAPITRE V

**Le prunier au flacon d'or. — Un Zola jaune. — Romantisme
et réalisme à la Chine.**

Ce premier achat nous a bien fait voir du
libraire ; et voilà qu'il s'en va tirer *de derrière
les fagots* ces raretés qu'on ne montre qu'aux
bibliophiles, clients de la maison.

J'ouvre un de ces rarissimes volumes ; à la
place d'une belle impression je ne vois qu'une
gravure non peinte dont le sujet, plus que
leste, est rendu grossier par une exécution des
moins artistiques. Je tourne le feuillet : voici une
gravure plus graveleuse encore, si c'est possible, que la première. Décidément, le libraire
me prend pour un viveur, ce qui n'est guère
flatteur lorsqu'on s'imagine avoir si ce n'est la
tête d'un savant, tout au moins celle d'un stu-
dieux, d'un *book-worm*, comme disent les
Anglais.

Ma physionomie trahit sans doute mes sentiments, car un des associés s'approche de moi et m'adresse un long discours pour s'excuser de présenter à *un sage* des gravures *aussi peu sages*; mais s'il l'a fait, c'est parce que la science brave même la pudeur. Le livre que j'ai devant moi est, me dit-il, un roman célèbre dans toute la Chine et d'une rareté très grande, sa vente ayant été interdite par le gouvernement, il y a près de deux siècles, à cause des obscénités qu'il renferme. L'édition qui m'est offerte est une des plus belles qui existent, car, en outre de sa magnifique impression, exécutée au grand siècle de Kang-chi, elle tire une grande valeur des rarissimes gravures qui l'accompagnent et dont les bois ont été détruits depuis longtemps, ce qui fait que le tout constitue, pour les biblio-philes chinois, ce qu'est pour les nôtres l'édition des fermiers généraux des Contes de La Fontaine.

La célébrité incontestable du *Kin-ping-meï* — c'est le nom du roman dont je viens de parler — m'avait fait supposer pendant long-temps qu'en Chine, comme en Occident, l'inter-diction d'un roman par la censure, pour cause de l'abus du décolleté, était la meilleure réclame qu'on pût lui faire. Cependant l'idée m'étant venue un jour de m'en faire lire des passages par un lettré, je m'aperçus vite que j'avais condamné bien à tort nos bons Chinois, qui parmi tous leurs défauts n'ont point celui de la contradiction.

L'interdiction qui a frappé, presque à sa naissance, le *Kin-ping-meï* n'a rien à voir à son succès, qui tient à ce qu'il constitue un véritable phénomène dans la littérature chinoise. Son titre par lui-même ne dit pas grand'chose ; il est formé de l'assemblage du nom des trois héroïnes du roman, mesdames *Kin*, *Ping* et *Meï*, titre qui nous paraît fort explicable, même à nous autres Européens, ce qui n'empêche que des sinologues ont eu l'idée bizarre de le traduire et d'en faire « le prunier au flacon d'or ». La trame même du roman indique déjà les tendances révolutionnaires de son auteur. Au lieu de rester dans les lieux communs du roman classique chinois : *Des amours d'un jeune lettré et d'une jeune fille aussi remarquable par sa beauté que par ses vertus*, ce dernier nous raconte, en vingt-quatre volumes, l'histoire de la jeunesse des plus orageuses d'un droguiste qui a eu le malheur, — malheur qu'il partage avec nombre d'Européens, — d'avoir un papa qui lui a laissé une grosse fortune.

C'est là, comme on le voit, un thème fort scabreux, très connu de nos romanciers, et qui dut grandement scandaliser les instincts conservateurs du monde lettré chinois du XVIIe siècle. Cependant, ce qui dut le scandaliser encore davantage, ce fut la façon dont ce sujet, tout nouveau en Chine, est traité.

Au lieu des énumérations sans fin des politesses que se font les personnages, l'auteur du *Kin-ping-meï* nous présente les siens tels qu'il les a vus, et les fait agir en conséquence. Au lieu de ces jolis dialogues où *le jeune lettré et l'objet de sa flamme* passent les heures à s'adresser des déclarations en vers, à se faire des compliments à l'aide de citations des écrits de Confucius et autres auteurs tout aussi passionnés, il décrit, fort vulgairement, les prosaïques amours de rencontre d'un de ces riches débauchés chinois qui appellent cyniquement les femmes des *machines*, et se contentent de profiter des conquêtes que font, en leur nom, leurs lingots d'argent.

Aussi, plus j'avançais dans la lecture du *Kin-ping-meï*, plus je trouvais vrai le proverbe des Latins : *nihil novum sub sole*. Les romans de M. Zola, qui se flatte d'avoir été le premier apôtre du naturalisme sur la terre, ne sont, en somme, que du *Kin-ping-meï* réchauffé. L'auteur de ce dernier a, bien avant la naissance du brillant auteur de *Nana*, tiré admirablement parti du *document humain*. On voit, en lisant son ouvrage, que ses types sont vécus, et il nous raconte leurs actions, et même leurs paroles, sans y rien changer ou arranger, ce qui fait que, comme son arrière-petit-neveu Zola, son œuvre est remplie d'expressions fort grasses.

En Chine, tout est immuable ; les renseignements qu'il nous donne sur les mœurs privées des Chinois de son temps sont donc bien sûrement encore d'une parfaite exactitude, appliquées au temps présent. Malheureusement, les nombreuses joyeusetés du *Kin-ping-meï* ont tellement choqué les pudibonds sinologues qu'ils n'ont osé traduire le seul ouvrage chinois qui puisse nous édifier au sujet de la vie intime des sujets du Fils du Ciel. Pour combler cette lacune, j'avais réuni de nombreuses notes, au courant de mes lectures de ce roman; les circonstances ne m'ont malheureusement pas permis d'en tirer quelque chose; mais si j'ai jamais un jour assez de loisir pour cela faire, je ne croirai pouvoir mieux l'employer qu'à les compléter, bien convaincu que je suis qu'en dépit de leur apparente légèreté, elles contiennent bon nombre de choses dont la philosophie, aussi bien que l'histoire, pourront profiter.

CHAPITRE VI

**Les livres classiques. — Une réputation surfaite. — Le
catalogue d'un musée fermé au public.**

Pendant que j'examine le *Kin-ping-meï*,
mon ami Yang multiplie ses achats ; sur son
divan se succèdent les belles éditions anciennes
des cinq *King* et des quatre *Chou*, ouvrages
de Confucius et de ses disciples qui constituent,
pour ainsi dire, la base de la littérature chinoise. Elles se distinguent les unes des autres
par le nombre et la nature des commentaires
qui accompagnent le texte. Puis, elles ont le
grand avantage d'avoir été préparées et éditées
aux frais du Fils du Ciel, qui charge, de
temps à autre, une commission composée des
grands fonctionnaires de l'empire de préparer
une nouvelle édition des *Neuf Merveilles de la
Chine*. Ces sortes d'ouvrages tirent leur valeur
du respect des jaunes pour les œuvres de leurs
philosophes, ce qui fait qu'un grand fonction-

naire, ou un commerçant enrichi, rougirait de ne point exposer dans sa salle de réception un ou deux magnifiques exemplaires des ouvrages que les lettrés étudient pendant des années avant de pouvoir passer leurs examens.

Je suis un profane, et je l'avoue. Les classiques chinois jouissent, à mon sens, chez nous d'une réputation qu'ils ne méritent guère. Ils ont immobilisé pour des siècles un peuple bien fait pour le progrès; c'est certes là une influence qui n'est rien moins qu'en leur faveur. Aussi j'avoue que pour ma part je ne puis comprendre l'attention dont ils ont été l'objet de la part de nos savants, d'autant plus que la littérature chinoise compte des quantités d'ouvrages dont la traduction serait infiniment plus profitable à l'Occident que les nombreuses traductions et commentaires des cinq *King* et des quatre *Chou* qu'il possède déjà.

Pour prouver mon dire, il me suffira de citer la grande géographie de l'*Empire du Milieu*, en 124 volumes, dont on m'apporte un exemplaire. D'un grand format in-4°, les volumes de cette géographie sont imprimés avec

peut-être plus de soin que ceux sortis des
presses de l'empereur Kang-chi; mais le papier
en est d'un blanc trop criard; les caractères, à
force de perdre leur forme cursive, sont deve-
nus un peu raides et carrés. L'imprimerie de
Kien-long, le petit-fils de Kang-chi, dont· les
124 volumes sont sortis, en 1744, a produit des
impressions plus correctes, et aussi plus durables
que celles de son ancêtre, mais qui ont bien certainement un cachet moins artistique; ce qui
prouve qu'en impression, comme en toutes
choses, le mieux est l'ennemi du bien.

Cette grande géographie de l'Empire du
Milieu, rédigée sous la direction de Kien-long,
est bien certainement le plus beau monument
géographique que le génie de l'homme ait
jamais élevé. Chaque province de ce vaste
empire y est décrite avec un soin minutieux;
son histoire, ses antiquités, la biographie des
hommes et des femmes célèbres qui y sont nés,
les productions du sol, y sont l'objet d'études
approfondies qui renferment, perdus dans un
fatras d'inutilités, des faits du plus haut intérêt
pour l'histoire de l'humanité. Le seul défaut de

ce chef-d'œuvre, c'est que les statistiques qu'il renferme n'ont plus aujourd'hui qu'une valeur purement historique. La plus récente édition date de 1791.

Voici maintenant vingt-quatre grands in-folio, magnifiquement reliés en soie. J'en ouvre un ; il est rempli de gravures au simple trait ; ce sont des représentations de porcelaines, d'objets en jade, en laque et en bambou, de sabres et de médailles, le tout formant la collection d'antiquités que l'empereur Kien-long avait réunies dans une des salles de son palais. Les planches ne donnent malheureusement qu'une bien faible idée des beautés qu'elles représentent, ce qui n'est guère étonnant avec l'ignorance complète des dessinateurs chinois des règles les plus élémentaires de la perspective. Les explications n'ont point le même défaut ; mais elles pèchent bien souvent par cette tendance à l'exagération des dates que l'on remarque dans tous les historiens chinois. A les en croire, bon nombre d'objets que renfermaient, au siècle dernier, les collections impériales remonteraient à deux ou trois mille ans avant notre ère, ce qui nous paraît une bien longue existence pour des choses aussi fragiles qu'une poterie, ou aussi faciles à perdre qu'une petite médaille.

Nonobstant leurs fatras, tous ces volumineux ouvrages du siècle dernier ont encore beaucoup de bon, et plus d'un me serait fort utile pour mes études. Malheureusement ils ont un défaut, défaut qui leur est commun à tous, c'est qu'ils sont fort chers, ce qui est une difficulté insurmontable pour un pauvre diable comme moi. Le moindre de ces chefs-d'œuvre, dont il n'existe aucune édition moderne et à bon marché, vaut couramment cinq ou six cents francs. Quelques-uns d'entre eux atteignent même le prix colossal de 2,000 francs. Aussi, pour faire cesser le supplice de Tantale auquel me condamne, bien involontairement, le libraire, je lui expose mon cas. Il le comprend fort bien et remplace aussitôt les grands volumes par de minces livraisons, humbles productions qui rachètent bien souvent leur manque d'éclat par des qualités plus solides que celles de ces immenses monuments, où les mauvaises parties sont quelquefois plus nombreuses que les morceaux finement sculptés.

Les raretés typographiques s'entassent si rapidement sur ma table que j'en arrive bientôt à ne plus savoir sur laquelle fixer mon choix. Enfin, après bien des hésitations, et surtout après avoir longuement marchandé, suivant l'habitude de tous les pays où *time is not money*, je finis par acquérir, pour 50 francs, deux minces volumes qui viennent en droite ligne du palais impérial. Ils sont recouverts d'une couverture en belle soie jaune, — nuance qui indique son auguste provenance, — qui a perdu avec le temps ses tons trop criards, et tout l'ouvrage est enfermé dans une boîte de toile bleue semblable à celles des plus modestes bouquins. Cependant elle se distingue de celles de ces derniers par un détail que peut seul découvrir un bibliophile : les fermoirs de cette boîte, au lieu d'être en os, comme cela se fait presque toujours, ont été taillés dans du jade vert pâle, légèrement laiteux, la nuance préférée des amateurs chinois.

Quant au texte de mon acquisition, il constitue un bijou au point de vue typographique, et une rareté au point de vue littéraire. Les deux volumes, qui datent aussi de la belle époque de l'empereur Kang-chi, renferment une collection des hymnes qui sont, ou mieux, qui étaient chantés par les chœurs de la maison de l'empereur dans les grandes cérémonies, comme les sacrifices au ciel, à la terre, aux ancêtres, les audiences de réception des ambassades, des princes tributaires, l'anniversaire de la naissance du souverain. Ces chants sont écrits en vers. Le commencement de chaque ligne est occupé par un vers du poème en gros caractères noirs, puis au-dessous, sur deux lignes parallèles, les notes de musique chinoises : les unes, rouges, qui indiquent la partie d'accompagnement de la guitare; les autres, vertes, qui forment la partie de la flûte.

La plupart des pièces de ce recueil étaient récitées sur un rythme si lent qu'on les psalmodiait bien plus qu'on ne les chantait. Le style, très noble en certains endroits, reste malheureusement presque partout étouffé, pour ainsi dire, sous ces euphémismes de langage qui rendent fort nébuleuses les productions de l'esprit chinois, même le plus précis. Comme le livre n'est point dans le commerce, toutes les poésies qu'il renferme sont absolument inconnues en Europe, à l'exception d'une seule, et par leur sujet elles constituent même une branche encore inexplorée de la littérature de l'Empire du Milieu. La seule que nous connaissions en Occident a été publiée par le Père Amiot, qui en fit une remarquable traduction en vers. C'est la quatorzième du recueil, quoiqu'elle soit la plus ancienne, puisqu'elle remonte au xiie *siècle avant notre ère;* sa forme, fort élégante, est celle d'une invocation en trois versets que le souverain adresse à ses ancêtres. Il s'adresse à eux avec des sentiments d'humilité et d'amour de ses sujets; il s'accuse d'incapacité et il se reconnaît indigne de leur succéder.

Après avoir débuté, dans le premier verset, par un éloge de ses aïeux, il termine par ces beaux vers, que l'on pourrait aussi bien mettre dans la bouche d'un prince très chrétien que dans celle d'un potentat asiatique :

> Je ne saurais marcher sur vos brillantes traces;
> Mais mes soins assidus, mon respect, mes efforts,
> Prouveront aux futures races
> Qu'au moins j'ai mérité de vivre sans remords.

Après cet achat, je veux passer dans la pièce
à côté pour voir un peu les gravures et les
reproductions d'inscriptions; mais Yang m'entraîne hors de la boutique après avoir donné
l'ordre de faire porter nos livres chez lui. Je le
suis; puisqu'il est un vieux routier de librairie,
il doit connaître dans quel coin de Pékin on
trouve ce qu'il y a de bon et de beau en toutes
choses littéraires.

CHAPITRE VII

**Un marchand d'estampes pékinois. — Combien y a-t-il
de Rahans. — Séductions pékinoises.**

En effet, une fois sorti, Yang m'explique
que les plus beaux albums, les plus jolies peintures et les inscriptions les plus rares ne se
trouvent jamais à Pékin dans les librairies,
mais bien dans les boutiques de curiosités qui
avoisinent Léou-li-tchang. Nous entrons dans
l'une d'elles, et voilà le supplice de Tantale qui
recommence de plus belle à me torturer.

On nous apporte un magnifique album, format
grand in-4°, richement relié en soie bleue, la
couleur ordinaire des reliures des livres religieux. Et, en effet, c'en est un. C'est un recueil
des portraits des 18 lo-hans des Chinois, Rahans
des Indiens. Ces portraits, qui représentent les
personnages en pied, avec les attributs qui rappellent leur vie et leurs vertus, sont peints sur
un fond de noir de fumée. Les contours, d'une

légèreté extrême, sont surtout couleur or,
argent ou bleue. La finesse du dessin est admirable. Les chasubles brodées des Rahans sont
des merveilles de détails. Il y a surtout une de
ces gravures, — je ne me souviens plus du nom
du personnage, — où un de ces derniers tient
entre ses mains un panache de fumée doré qui
s'en va former au-dessus de sa tête un petit dais
soutenant une pagode en miniature, haute à peine
d'un centimètre ; ce qui n'empêche qu'avec la
loupe on peut y étudier ces mille détails qui
font le charme de ces productions de l'art asiatique.

Que sont ces Rahans pour mériter les hon-
neurs d'un album aussi finement dessiné ? Les
bonzes chinois ne sont guère d'accord sur ce
point, ce qui n'a rien de bien extraordinaire,
puisque ces saints hommes appartenaient au
boudhisme, la religion la plus vague qui soit
au monde. Cependant les livres boudhistes,
lorsqu'ils parlent des Rahans, nous les dépeignent
comme des apôtres des préceptes de Boudha.
Seulement il est un point que les bonzes ignorent
et que la tradition écrite ne s'est point donné la

peine d'étudier; c'est le nombre des Rahans auxquels les fidèles peuvent adresser leurs prières. D'abord, j'avais entendu parler de 18 Rahans; puis un beau jour, il me tomba entre les mains un livre liturgique qui en énumérait 180. C'était bien là un véritable miracle de la *multiplication des saints*. Mais quelle ne fut point ma stupéfaction lorsque je visitai, à Canton, un temple qui en contenait 500 sous forme de petites statuettes en plâtre, hautes de deux pieds! Alors eut lieu, entre moi et le bonze qui m'accompagnait, le dialogue suivant qui, loin de m'éclairer, ne fit qu'augmenter mon incertitude.

Moi. — Vous avez là les images de tous les *Rahans?*

Le Bonze. — Oh! non! Il y en a d'autres.

Moi. — Et combien?

Le Bonze. — Pas peu. (Expression chinoise qui correspond à notre beaucoup.)

Moi. — Vous en savez le nombre?

Le Bonze. — Non. Les autres sont inutiles; ils ne rapportent rien parce qu'ils n'ont le pouvoir de guérir aucune maladie. Nous n'avons ici que les *productifs*.

En somme, les Rahans sont sans doute aussi nombreux que les saints dans notre calendrier, ce qui n'est point peu dire.

Voici maintenant un autre album dont le sujet est loin d'être religieux. C'est l'histoire, en peinture, des aventures d'un Mongol qui se laissa prendre aux séductions féminines de Pékin. La peinture est sur soie; le dessin en est soigné, et quoique les nuances employées soient très vives, l'ensemble est très harmonieux, grâce aux talents des Chinois à disposer côte à côte, avec art, les couleurs les plus disparates.

La première planche représente notre Mongol vêtu d'une longue capote en fourrure, un bonnet de même matière sur la tête, et un grand sabre recourbé au côté. Ses yeux arrondis, ses deux mains tendues en avant pour saisir l'objet désiré, tout en lui forme une préface excellente à la suite de l'album qui représente des sujets si scabreux que je renonce à en parler, en dépit de leur jolie exécution. Devant le Mongol, une jeune femme, à la taille élancée, à la physionomie fine et craintive, se tient immobile, comme clouée sur place, par le voisinage du sauvage enfant des steppes de l'Asie centrale. Enfin, dans un coin du tableau, une jolie potiche, d'où sort un magnifique bouquet de ces chrysanthèmes monstres qu'on ne voit qu'à Pékin, a permis au peintre de donner la mesure de son talent, car les Chinois sont surtout habiles comme peintres de fleurs, genre où la perspective joue un rôle à peu près nul, et où, par contre, l'emploi et l'arrangement des teintes vives occupent le premier rang.

Nonobstant le peu d'aptitudes des artistes chinois à représenter le corps humain, qu'ils construisent sans s'inquiéter des principes de l'anatomie, l'album qui est devant moi se fait cependant remarquer par des personnages qui ne sont point trop désarticulés, et dont la physionomie exprime bien les sentiments. Ce dernier point surtout en fait une rareté, car les peintres chinois donnent toujours à leurs personnages, même aux portraits d'après nature, la même physionomie impassible qui fait que toutes les figures se ressemblent.

CHAPITRE VIII

**Il faut de mauvaises gravures pour un peuple corrompu.
Versailles chinois. — L'heure de la retraite.**

Après ce premier album, il en vient une
foule d'autres beaucoup plus chinois, c'est-à-
dire beaucoup moins bien faits, à notre point de
vue. Les membres, bras et jambes, sont absolument désarticulés; les têtes tournent autour
du cou comme une boule sur un pivot, les
figures sont d'une monotonie fatigante. Parmi
tous ces albums, un grand nombre représentent
des sujets fort scabreux, et je dois avouer que
ce sont en général les mieux faits. Il en est
en Chine des œuvres artistiques morales
comme des productions de notre littérature à
l'usage des jeunes filles; les unes et les autres
se font remarquer par une pauvreté incroyable
d'exécution qui les rend déplaisantes à regarder
ou assommantes à lire.

D'où vient que le graveleux, sous forme de

gravures en Chine, sous forme de romans en France, attire plus les talents que leurs opposés? Sans doute de ce que la demande des premiers est plus grande que celle des seconds, ce qui fait le métier d'auteur plus lucratif.

Quoi qu'il en soit, parmi les nombreux albums profanes que j'ai feuilletés dans les librairies de Pékin, je n'ai jamais pu en trouver un qui joignît à la beauté d'exécution l'avantage de pouvoir figurer sur une table et d'être livré à la curiosité de tout le monde.

Après les albums viennent les tableaux, ou du moins ce qui en tient lieu en Chine. Ce sont des peintures plus ou moins grandes, sur papier ou sur soie, qui s'enroulent sur deux baguettes qui garnissent leurs extrémités. La peinture chinoise a eu, s'il faut en croire les historiens, son âge d'or, avec ses maîtres célèbres et ses grandes écoles; mais tout cela est si loin de nous qu'il ne nous reste plus aucun vestige qui nous permette de juger la valeur de cette grandeur déchue.

Aux XVIᵉ et XVIIᵉ siècles, sous les règnes de Kang-chi et de Kien-long, au milieu du mouvement de renaissance de tous les arts, la peinture seule ne put retrouver un peu de la vie que les ans lui avaient enlevée. Et cependant elle se trouvait alors dans des conditions bien propres à la faire renaître. Parmi les missionnaires catholiques que Kang-chi avait réunis autour de lui, il y avait des peintres, des dessinateurs et des graveurs qui eussent pu donner d'excellentes leçons à leurs collègues jaunes. Cependant il n'en fut point ainsi, et la peinture chinoise continua et a continué jusqu'à nos jours à suivre sa vieille routine qui a même perdu, avec les ans, l'éclat dont l'avaient parée ses créateurs à sa naissance. L'œuvre de nos missionnaires artistes dans l'Extrême-Orient a été cependant assez importante pour permettre à des imitateurs de faire aussi bien qu'eux.

Parmi les peintures que l'on déroule devant moi, voici une toile qui représente une Vierge à l'enfant, peinte dans la manière du Pérugin. L'enfant surtout est d'une exécution remarquable, en dépit des teintes toujours plates de l'aquarelle, car les Chinois ignorent complètement la peinture à l'huile.

Après cette œuvre exécutée à l'européenne par une main chinoise, on m'apporte un gros paquet rendu informe par les attaques du feu et de l'humidité. Ce pauvre débris fait aujourd'hui partie d'une petite collection dont il forme une des pièces les plus rares, ce qui fait que le lecteur me pardonnera de m'étendre un peu à son sujet. Franchement, amour-propre de collectionneur mis à part, la pièce que je vais leur présenter offre un double intérêt, d'abord à cause de sa rareté, puis parce qu'elle nous permet d'étudier une preuve, aujourd'hui détruite, de notre puissante influence en Chine, au xviie siècle. Le paquet informe constitue, en effet, un album, ou plutôt les débris d'un album qui représente les principaux sites du Palais d'été, cette superbe résidence des Fils du Ciel que des missionnaires français avaient construite pour eux sur le modèle de Versailles, et que des soldats français ont transformée en un monceau de ruines. Aussi, dès que j'examine les planches qu'il renferme, je n'y vois que toits à l'italienne, labyrinthes, jets d'eau, cascades et *vieux petits ifs en rang d'oignons.* Toutes ces choses qu'un poète morose, Alfred de Musset, a dénigrées si fort dans ses *Trois marches de marbre rose*.

Pendant que je regarde cet album, sans savoir ce qu'il représente, Yang se lève tout à coup et m'entraîne dehors, Il vient d'entendre le gong qui annonce la fermeture des portes de la ville impériale. Nous faisons diligence à travers la foule des retardataires qui s'empressent, les uns de sortir, les autres de rentrer dans la ville. Chemin faisant, Yang, pour me consoler d'avoir été ainsi interrompu, me dit : « Soyez sans crainte, vous retrouverez votre album à la même place demain et les jours suivants, ce sont *des choses d'Occident*, et nos bibliophiles n'y tiennent guère. »

Je me sens un peu rassuré par ces paroles. Nous traversons les portes au milieu d'une agitation extraordinaire. Une fois dans l'intérieur, nous voyons de chaque côté de l'entrée une haie de badauds, venus là pour voir le désappointement du pauvre paysan qui arrivera trop tard pour pouvoir sortir, ce qui lui vaudra force quolibets de ces curieux.

Devant le corps de garde, un soldat frappe à coups de plus en plus lents sur un grand gong pour annoncer que l'heure psychologique approche.

QUATRIÈME PARTIE

LA CHINE DES POISSONS

CHAPITRE PREMIER

La vie des eaux jaunes. — Pêcheurs en plein champ.

Ce qui caractérise bien plus la mer Jaune
que la couleur de ses eaux, qui ne diffère en
rien de celle des autres mers du globe, c'est
très certainement l'intensité extraordinaire de la
vie, aussi bien à sa surface que dans ses plus
grandes profondeurs. Partout où la quantité
d'eau le permet, sur les innombrables fleuves
et canaux qui arrosent la Chine, et sur ses
4,000 kilomètres de côtes marines, on voit aller
et venir des flottes entières d'embarcations de
toutes tailles et de toutes formes, depuis la
lourde jonque capable de porter 1,000 tonnes
de marchandises, jusqu'au léger sampang appelé

par les indigènes « bateau de pied », — kiao-
ta-tchouan — qui peut faire jusqu'à 40 lieues
par jour. Cette grande activité de la vie maritime dans le bassin de la mer Jaune doit bien
vraisemblablement en partie son origine à l'heureuse disposition du lit des fleuves et rivières
chinois, qui les rend éminemment propices à la
navigation, ainsi qu'au profil découpé de ses rives
maritimes qui fournissent aux marins de bons
et nombreux refuges dans les mauvais temps.
Puis, elle reconnaît aussi pour cause l'intensité
extrême de la vie dans toutes ses régions, depuis
les plus froides jusqu'aux plus chaudes. Il n'est
point, en effet, de pays au monde où les eaux
soient aussi peuplées par des êtres vivants que
la Chine. Partout où il y a un peu d'eau, aussitôt
des êtres organisés y croissent et s'y multiplient.
La gent aquatique chinoise n'a besoin, pour se
perpétuer, d'aucun règlement qui protège ceux
de ses membres encore dans l'enfance, ni de
garde-pêche pour la défendre, pendant certaines
époques de l'année, contre la rapacité des pêcheurs. Sa vitalité est si grande qu'elle résiste
aux dévastations de ces derniers : ils ont beau

inventer de nouveaux moyens de les détruire en masse, diminuer les mailles de leurs filets, ils n'en voient pas moins augmenter chaque année le nombre de leurs victimes.

Un jour que je parcourais, ballotté dans une charrette indigène, les affreuses fondrières qui servent de voies de communication entre Tien-tsin et Pékin, je remarquai, çà et là, dans les champs, dont le sol disparaissait sous les flots d'une verdure printanière, des flaques d'eau dont les plus grandes pouvaient avoir un are de superficie. C'étaient des vestiges de la crue qui se produit, presque chaque année, au printemps, lors de la fonte des glaces qui recouvrent complètement, pendant cinq mois de l'année, le cours du Peï-ho, depuis sa source jusqu'à son embouchure. Ces étangs en miniature, que les premiers soleils d'été devraient faire disparaître, n'auraient guère attiré mon attention, si je n'avais remarqué, dans plusieurs d'entre eux, des campagnards qui semblaient prendre plaisir à s'y promener dans l'eau jusqu'aux genoux. Assez intrigué de savoir ce que pouvaient faire ces hommes, j'interrogeai mon cocher qui m'apprit que, la saison n'étant pas encore assez avancée pour permettre aux agriculteurs de cultiver leurs champs, ils employaient utilement leurs loisirs à pêcher dans les mares qu'avaient formées les dernières inondations, et il m'affirma que cette pêche était souvent fort abondante. Assez peu convaincu de cette affirmation, je pris le parti de m'assurer par moi-même de ce qu'elle pouvait avoir de vrai, et dès que ma charrette passa à peu de distance d'une flaque que deux pêcheurs étaient en train d'explorer, je laissai continuer mon équipage, trop heureux de délasser un peu mes membres endoloris par dix-huit heures de cahots insupportables, et je m'en approchai. Mes deux pêcheurs — car c'étaient bien des pêcheurs auxquels j'avais affaire — ne furent nullement troublés dans leurs occupations par l'approche d'un *diable à poils rouges*; l'un continua à traîner dans l'eau un petit filet en poche dont l'embouchure était attachée à un cercle de bois monté sur un long manche; il relevait de temps à autre cet engin de destruction, que nos pêcheurs appellent une *trouble*, et en retirait de petits poissons qu'il jetait dans un panier de bambou ; quant à l'autre, il attrapait, sans autre instrument que ses mains, des grenouilles qu'il envoyait rejoindre les petits poissons dans le panier. Décidément, mon cocher ne m'avait point trompé, et la récolte, relativement abondante, que je vis faire à mes deux campagnards, dans une flaque d'eau que nos têtards mêmes dédaigneraient, attira mon attention sur la vie aquatique chinoise.

CHAPITRE II

Depuis lors, sir Robert Hart, l'inspecteur
général des douanes maritimes chinoises, a
donné à l'Occident un moyen facile de se fami-
liariser avec la vie intime de la mer Jaune. Le
12 mai 1883, s'ouvrait au South-Kensington,
de Londres, une exposition internationale de
pêches. Les organisateurs, qui savaient avec
quel zèle sir Robert Hart saisit toute occasion
qui s'offre à lui de resserrer pacifiquement les
liens qui unissent l'Orient à l'Occident, par une
connaissance réciproque plus étendue de leurs
besoins et de leurs aspirations, lui demandèrent
et obtinrent facilement de lui que la Chine y
occuperait une section. L'organisation de cette
dernière fut confiée, à Londres, à MM. James
Hart, le sympathique commissaire des douanes
de Shanghaï, et à J. Duncan Campbell, qui

s'était déjà fait une réputation bien méritée dans l'organisation des classes chinoises aux dernières grandes expositions universelles. C'est au travail de ces deux personnes, qui s'étaient adjoint, comme secrétaire, M. Julius Neumann, que nous fûmes redevables de l'intéressante section chinoise que renfermait l'exposition du South-Kensington, et c'est en parcourant le catalogue qui en a été publié que l'idée m'est venue de joindre les matériaux qu'il renferme à mes propres souvenirs, pour en faire le sujet d'une exploration dans une partie de la vie chinoise, qui est encore peu connue, pour ne pas dire complètement inexplorée.

Jusqu'ici, notre connaissance de la société chinoise s'est bornée à quelques détails sur la vie extérieure des mandarins; quant aux autres classes qui la composent, nos voyageurs ont pensé qu'elles n'étaient point dignes d'attirer leur attention. A mon sens, leur dédain est inexplicable, car, bien que les relations que nous entretenons avec le monde oriental aient encore un caractère trop officiel pour nous permettre d'étudier sérieusement la vie domestique des sujets du Fils du Ciel, étude qui pourra seule nous bien la faire connaître, il nous est cependant déjà possible de nous rendre assez bien compte de leur genre de vie extérieure, quelle que soit l'occupation à laquelle ils se livrent. A ce point de vue, la vie des pêcheurs et des marins chinois nous semble d'autant plus digne d'intérêt qu'ils occupent dans cette échelle sociale chinoise, dont le mandarinat forme le sommet, le dernier échelon.

J'ai dit tout à l'heure que les eaux de la mer Jaune entretenaient dans leur sein une vie animale si intense que le soin de satisfaire à l'appétit d'une population de quatre cents millions d'hommes n'arrivait point à la tarir dans ses sources mêmes. Quelle est la cause de cette fécondité étonnante des hôtes aquatiques de l'Extrême-Orient, qui continuent à vivre en dépit des vides que font dans leurs rangs des pêcheurs trop avides, et cela alors que leurs congénères d'Occident n'arrivent à traîner une existence précaire que grâce à la protection spéciale que leur accordent nos lois ? On serait tenté, au premier abord, d'attribuer cette différence au grand développement de la pisciculture dans l'Empire du Milieu, développement qui est devenu le thème favori de si nombreux voyageurs et publicistes que la *pisciculture chinoise* est presque aussi connue parmi nous que le très célèbre Confucius qui, s'il revenait habiter la terre, serait sans doute passablement étonné de voir son nom classé dans la mémoire de bon nombre d'Européens, sous la même rubrique que les hôtes aquatiques de son pays natal. Fort de mon expérience personnelle, et surtout des renseignements qui m'ont été fournis sur ce sujet par mes amis jaunes, je me permettrai d'assigner pour origine à l'exubérance des populations aquatiques de la mer Jaune, — exubérance qui n'a rien à envier à celle des populations humaines des côtes de cette dernière, — non point le développement actuel de la pisciculture, mais bien sa prospérité passée, qui a accumulé, dans les profondeurs des eaux, des réserves que des années d'incurie et de gaspillage n'ont pu encore épuiser. Autrefois, l'art de la pisciculture était fort répandu en Chine, et presque tous les cultivateurs s'y livraient, ainsi que leurs descen-

dants s'adonnent, de nos jours, à la séricicul-
ture; mais, avec le temps, la culture des poissons
est tombée en désuétude, et si cela pouvait lui
être de quelque consolation, j'ajouterais qu'elle
ne fit en cela que partager le sort de bien d'autres industries, qui furent autrefois florissantes
et qui sont aujourd'hui en décadence. Où trou-
verait-on, de nos jours, sur les bords de la mer
Jaune, des artisans capables d'imiter les brillantes couleurs des potiches de l'époque des
Ming, ou les dessins élégants des porcelaines
de Kang-chi et Kien-long, ou les belles nuances
des cloisonnés du siècle dernier? Depuis notre
apparition à Canton, les artistes chinois eux-
mêmes, pervertis par notre amour du faux, ne
savent plus que fabriquer à la douzaine des
chefs-d'œuvre de pacotille pour le Bon-Marché
et le Louvre.

CHAPITRE III

**Huîtres jaunes. — L'ostréiculture à Formose.
Un peu d'histoire naturelle.**

Revenons à nos poissons et surtout au temps
présent. Les campagnards chinois savent encore
pêcher, mais sans s'inquiéter de conserver à la
vie la gent aquatique menacée, dans son existence même, par leurs engins de destruction.
Cependant, la voracité des gourmets du pays,
jointe à la lenteur de la reproduction naturelle,
a obligé les pêcheurs chinois à continuer, jusqu'à nos jours, à se livrer à la culture des
huîtres. A Ta-kao, dans l'île de Formose, ils
emploient encore deux méthodes de culture. La
première consiste à jeter çà et là, sur des bancs
de vase, des pierres que l'on retire de l'eau
cinq ou six mois après; on les trouve alors couvertes d'un nombre plus ou moins grand d'huîtres. L'autre méthode, appelée par les indigènes
« élevage au bambou », est beaucoup plus

compliquée que la première ; mais elle est aussi plus productive. Elle se rapproche fort de la culture « en parcs » pratiquée chez nous.

En août et septembre, les pêcheurs de Formose préparent un grand nombre de piquets de bambous, hauts de 80 centimètres et de la grosseur d'une forte canne. Un des bouts de ces piquets est taillé en pointe, et, à l'autre extrémité, ils les fendent en deux jusqu'à la moitié de leur longueur. Ils glissent dans la fente une grande coquille d'huître bien plate, et ils réunissent les deux moitiés du piquet à l'aide d'une autre coquille d'huître percée en son centre d'un trou rond. Les pieux ainsi préparés sont ensuite plantés en lignes serrées sur des bancs couverts à la haute mer, afin que le *naissain* — frai des huîtres — puisse s'y accrocher. Dès que des petites huîtres se sont formées sur les pieux, on transplante ces derniers sur des bancs de vase, d'où on les retire au bout de cinq mois tous couverts d'huîtres assez grosses pour être mangées. Les Chinois prétendent que le naissain se forme sur la coquille de l'huître et peut s'y conserver indéfiniment. C'est dans le but de faire éclore les œufs qui recouvrent les vieilles coquilles qu'ils se donnent tant de peine pour préparer les piquets dont je viens de parler.

La faune aquatique chinoise est des plus variées et renferme des représentants de presque toutes les espèces que possèdent les eaux de l'Europe occidentale. Les pêcheurs chinois ont donné à chaque espèce un nom particulier, tiré presque toujours de la conformation ou de quelque autre signe distinctif de chacune d'elles. C'est ainsi que les pêcheurs ramènent, dans leurs filets-dragues des crabes, *Dieu de la guerre*, dont la tête rappelle, disent-ils, celle de cette divinité ; des crabes *petits bonzes;* des *tout aigres*, ainsi nommés de la saveur désagréable de leur chair. Les savants disciples de Confucius ont adopté ces dénominations dans leurs ouvrages, plus ou moins fantastiques, sur l'histoire naturelle de l'Empire du Milieu. Les peintres, à leur tour, ont enrichi ces derniers d'illustrations destinées à faciliter l'intelligence du texte. Souvent, ces dessins d'histoire naturelle, malgré leurs grandes imperfections, n'en donnent pas moins une idée bien plus exacte des hôtes des eaux, que les prétendues explications qui les accompagnent. Ces dernières sont tellement fantastiques qu'il est absolument impossible de se représenter les animaux décrits. En les lisant, on en arrive parfois à se demander si les savants lettrés, leurs auteurs, n'ont pas « des yeux pour ne point voir ». Les définitions sorties de leur pinceau leur sont dictées par leur imagination, nullement par l'observation; on y chercherait vainement le *genre prochain* et la *différence spécifique* indispensable dans toute bonne définition. C'est ainsi qu'ils vous apprennent, avec assurance, que les grenouilles n'ont que *trois pattes*, et que les homards en sont pourvus « d'un si grand nombre, que l'homme le plus patient ne peut les compter ». Quant aux renseignements sur les mœurs des individus décrits, ils sont encore plus fabuleux que leur structure; d'aucuns vivent sans manger, et d'autres se multiplient en se brisant en morceaux; certains poissons des mieux doués possèdent, disent-ils, la faculté de vivre aussi bien sur terre que dans l'eau.

Sous la signature des disciples de Confucius,

et grâce à la valeur que les Chinois attachent à tout ce qui est imprimé, ces fables se sont répandues parmi les gens du peuple, qui en sont arrivés à croire plus volontiers ces enfantillages que les enseignements de la nature prise sur le fait. La fantastique description des grenouilles à trois pattes, faite par un lettré qui vivait il y a trois siècles, est aujourd'hui admise par tous les Chinois qui se piquent d'être tant soit peu familiarisés avec les classiques. Aussi, en dépit des protestations des pauvres grenouilles qui gambadent à qui mieux mieux sur les bords des étangs, pour bien montrer à tous qu'elles sont plantées sur quatre pattes, les sculpteurs et les peintres jaunes, considérant les écrits des lettrés comme des oracles, n'en persistent pas moins à nous représenter ces pauvres batraciens, dans leurs peintures et dans leurs sculptures, avec trois pattes seulement.

CHAPITRE IV

**Science et art jaunes. — Un brocanteur cantonnais.
Un album de poissons.**

Cependant les peintres, même les plus farouches partisans de l'école romantique chinoise, ne se permettent d'opérer l'amputation d'un ou de plusieurs membres des animaux qu'ils peignent que lorsqu'il s'agit d'une œuvre purement artistique. Pour les *vulgaires travaux scientifiques*, ils ne se donnent point la peine de ceindre le tablier du chirurgien pour si peu, et c'est à ce dédain que les planches qui ornent les ouvrages d'histoire naturelle doivent de s'en tenir beaucoup plus à la représentation de la nature, que le texte qu'elles illustrent.

Un jour que je me promenais, en flânant, dans le dédale de ruelles qui forment le faubourg sud de Canton, mon attention fut attirée par une boutique de brocanteur des plus originales. A la porte d'un riche magasin où s'entas-

saient pêle-mêle des lampes à pétrole, des
lanternes, des bouteilles, des glaces, des verres
à vitre, en un mot, tous les produits de l'art de
la verrerie, un brocanteur avait établi son étalage en plein air. Toutes ses marchandises
étaient là, étalées à terre, au pied du magnifique comptoir peint en vert et or du magasin.
Canton n'est guère la ville du vieux : l'activité
industrielle y est trop grande pour permettre
aux vieilleries d'y conserver droit de cité. Pékin,
au contraire, qui ne fabrique rien, ne vit plus
que sur les restes du passé. En Occident comme
en Orient, la vie humaine est sujette aux mêmes
influences; Rome ne vit plus que des chefs-
d'œuvre que lui ont légués ses grands hommes,
alors que Manchester, dans sa fiévreuse activité,
songe au lendemain, sans pouvoir donner une
seule pensée au passé. Aussi les habitudes toutes
modernes de Canton se faisaient-elles voir jusque
dans la boutique de mon brocanteur. Ce n'était
qu'une triste exposition de pots ébréchés, de
pipes à opium fort culottées, de miroirs cassés
et de vieilles bouteilles en verre portant des
étiquettes en toutes langues et de toutes cou-

leurs. Parmi ces épaves de la vie domestique,
j'aperçus cependant une de ces planchettes de
bois brun, dont l'aspect est bien connu des
bibliophiles qui bouquinent dans les parages de
la mer Jaune. Elle recouvrait un gros volume
d'un format petit in-folio. Je soulevai la plan-
chette, et je découvris un album dont les
feuilles, pliées comme les lames d'un paravent,
représentaient les principaux poissons du littoral
sud du Céleste Empire. A chaque planche était
joint le nom, en caractères chinois, de l'espèce
représentée. Comme de raison, je ne laissai pas
échapper une aussi belle occasion de joindre à
ma collection un document aussi intéressant sur
les sujets aquatiques du Fils du Ciel. J'entrai
donc immédiatement en pourparlers avec le
brocanteur; l'affaire fut assez difficile à mener
à bien; Cantonnais pur sang, il s'exprimait dans
un jargon qui ressemblait autant au langage
élégant de Pékin, auquel mon oreille avait été
habituée pendant six années, que le patois grec
de Smyrne rappelle la langue de Démosthène.

De prime abord, mon marchand me demanda
20 morceaux d'argent étranger, c'est-à-dire

20 piastres (environ 100 francs) pour son album.
C'était là un prix pour « un diable d'étranger »
qui ne sait pas un mot de chinois, mais pour un
sinologue aussi consommé que mon humble
personne, il était beaucoup trop élevé ; aussi,
pour montrer à mon homme combien ma grande
connaissance de sa langue me permettait de
prétendre être un peu moins écorché que le
premier *diable* venu, je me mis à lui énumérer
tous les défauts de sa marchandise ; l'une des
planchettes de la reliure était fendue ; des vers
avaient laissé, dans le volume, des traces inef-
façables de leurs laborieuses veilles, et ses propriétaires successifs y avaient imprimé leurs
initiales sous forme de taches qui déparaient
presque chaque planche. Il fut peu sensible à
mes arguments et ne se décida à me laisser son
album pour 4 piastres, soit 20 francs, que lorsque
je lui eus assuré que je n'avais que cette somme
sur moi. Au moment où j'écris ces lignes, il y a
près de quatre années que tout cela s'est passé,
c'est presque déjà de l'histoire ancienne ; cependant, en feuilletant mon album de poissons, il
me semble que c'était hier, tant la vivacité de

ses couleurs, son aspect antique, et surtout l'étrange parfum chinois, moitié musc, moitié opium, qui s'en dégage, me font revivre dans ce monde de l'Extrême-Orient, dont des milliers de lieues me séparent.

Décrire l'une après l'autre les cinquante-deux planches que renferme mon album pourrait être un travail digne d'un naturaliste, mais qui mettrait à trop rude épreuve mes faibles connaissances en cette matière, et surtout la patience de mes lecteurs. Je vais donc seulement prier ces derniers de m'accorder quelques instants que je vais employer à le feuilleter, en ne m'arrêtant qu'aux espèces qui peuvent présenter quelque intérêt pour nous autres habitants de l'Occident.

CHAPITRE V

**Le requin à trois femmes. — Le mangeur d'oiseaux.
Un peu d'art culinaire jaune.**

Voici d'abord un animal assez singulier, dont
la forme rappelle un peu celle d'une baleine,
mais dont la tête présente tant d'analogie avec
celle d'une femme, qu'il faut soupçonner l'artiste,
bien plus que la nature, d'avoir donné libre
cours à son imagination. L'explication qui l'ac-
compagne nous apprend que nous avons sous
les yeux un requin de l'espèce à *longue queue
des trois femmes* — tchang-oueï-san-niang-cha.
Les requins comptent de nombreuses espèces
dans les eaux de la mer Jaune, mais celle qu'a
représentée l'artiste chinois est tout à fait remarquable. D'abord, les pêcheurs chinois prétendent
que sa tête ressemble à celle d'une femme, d'où
le nom qu'ils lui ont donné ; puis, ils croient
aussi qu'il a le *male occhio*, mais seulement
dans certaines circonstances. Aussi, lorsqu'ils

prennent dans leurs filets un requin des *trois femmes,* ils disent que c'est signe de malheur, et, pour essayer de conjurer les mauvais esprits, ils s'empressent de le rejeter à l'eau. Si, au contraire, un de ces mêmes requins mord à un hameçon, ils le considèrent de bonne prise parce que, dans ce cas, il est, dit-on, un signe de bonheur, et le pauvre porte-veine paie de sa vie l'heureux message qu'il apporte au pêcheur ingrat.

La seconde planche nous présente encore un requin de l'espèce des *mangeurs d'oiseaux,* — ché-niao-cha. Cet animal doit son nom à un goût très prononcé pour la chair volante, qui contraste singulièrement avec la voracité habituelle de ses congénères. Pour arriver à satisfaire sa gourmandise, il se couche sur l'eau en faisant le mort; les oiseaux de mer, pris au piège, viennent se poser sur ce qu'ils croient n'être qu'une carcasse qui va leur servir à faire un festin. Dès qu'un nombre d'oiseaux, suffisant pour lui permettre de faire un bon souper, se trouvent réunis sur son ventre, maître requin commence à enfoncer lentement son corps dans l'eau, en commençant par la queue, afin de forcer ses victimes à se masser sur sa tête, dans les environs de sa bouche, puis, au moment propice, il ouvre cette dernière et avale ses proies. L'habileté avec laquelle il s'y prend pour exécuter ces manœuvres, fort dangereuses pour la gent volatile, est véritablement si merveilleuse que l'admiration m'empêche de plaindre ses innocentes victimes.

Dans un album de cinquante-deux planches, en consacrer deux à des êtres aussi dangereux et inutiles que les requins, voilà, dira-t-on, de la place bien mal employée. Cependant, ces poissons jouent un grand rôle dans la vie du peuple chinois, aussi bien sur les côtes que dans l'intérieur. La mer Jaune est absolument infestée par de nombreuses espèces de ce vorace animal, et il s'est acquis de la sorte une terrible célébrité parmi les populations de pêcheurs et de marins. Pour se dédommager un peu du mal qu'il leur fait, ces derniers le pourchassent avec ardeur. Filets et hameçons, tous les moyens sont employés pour le détruire et, sa gloutonnerie aidant, tous produisent de fort bons résultats.

Les pêcheurs au filet suspendent souvent au-dessous du sac, dans lequel ils mettent le produit de leur pêche, un fort hameçon garni d'un appât. Le requin, lorsqu'il voit les poissons enfermés dans le filet, va rôder aux alentours et happe l'amorce.

Les habitants du littoral de la Méditerranée sont les seuls de l'Europe qui se hasardent à manger la chair du requin ; encore ne le font-ils qu'à contre-cœur et faute de mieux, car ils prétendent qu'elle est dure, mauvaise et d'une digestion difficile. La partie qu'ils préfèrent est le ventre, qu'ils mangent à l'huile, après l'avoir fait mariner pendant vingt-quatre heures et bouillir. Les Chinois, au contraire, la mangent avec plaisir, et les gourmets recherchent surtout les nageoires. Ces dernières, cuites dans du bouillon, sont cartilagineuses et ont le même goût que les oreilles d'une tête de veau bouillie. Quant à sa peau, à petits grains, elle sert à revêtir des étuis à lunettes et des fourreaux de pipe.

Les ailerons de requin sont un mets beaucoup trop cher pour être à la portée des petites gens, et on ne les voit guère figurer que sur la table des Crésus jaunes, entre les nids d'hirondelles et les trépangs. Le premier de ces comestibles est déjà connu en Occident, où il est considéré comme une curiosité culinaire. Les Chinois les mangent cuits dans du bouillon, préparation qui leur donne l'apparence et le goût des pâtes *vermicelli*, que les Italiens mangent avec leur potage. Le prix en est assez élevé, même en Chine, ce qui tient à ce que des chasseurs imprudents ont complètement détruit, sur les côtes de ce pays, les salanganes — hirondelles de mer — qui les construisent. A l'heure actuelle, les négociants de Canton et de Pékin sont obligés d'aller chercher ceux qu'ils vendent aux gourmets, à Sumatra, où la chasse en est concédée, moyennant 300,000 francs par an, à un de leurs compatriotes, ou aux Philippines, dans les îles de Paragua et de Calamianes. Aussi leur prix élevé a fait que l'industrie chinoise fabrique de faux nids d'hirondelles, par un procédé dont je n'ai pu me procurer le secret.

CHAPITRE VI

**Un déjeuner chinois. — Nids d'hirondelles faux
et poulet à l'anis. — L'holothurie.**

Un matin qu'une affaire m'avait appelé
d'assez bonne heure chez un mandarin de mes
amis, Yang, ce dernier, qui ne laissait jamais
échapper une occasion de montrer sa sympathie
pour les étrangers, voulut absolument me retenir
à déjeuner avec lui.

Après un poulet accompagné d'une excellente
sauce à l'anis, on nous servit des nids d'hirondelles. Malgré la grande aisance de mon hôte,
je fus un peu surpris qu'il se fît servir à l'ordinaire un mets aussi cher; d'autant plus que
l'impromptu de ma visite, et le peu de temps
que j'étais resté avec lui avant de nous mettre
à table ne me permettaient pas de supposer
qu'il avait été préparé à mon intention. Yang
s'aperçut sans doute de mon étonnement, et il
s'empressa d'y mettre fin, en me prévenant que

les nids d'hirondelles qu'il m'offrait étaient faux.
Je dois avouer que, même après cet aveu, il me
fut impossible de trouver une différence appré-
ciable entre les faux nids et les vrais, si ce n'est
que les seconds valent cent fois plus cher que
les premiers. Pour beaucoup, cette différence
de prix suffit à expliquer leurs préférences pour
ce qui coûte le plus. Il faut donc rendre cette
justice aux Chinois que, dans l'art du faux, ils
sont bien plus avancés que nous. Nos marga-
rines ou faux beurres, nos laits falsifiés, et bien
d'autres produits industriels ne rappellent en
rien, au goût, les produits qu'ils ont la prétention d'imiter à ravir, tandis que les habitants du
Céleste Empire fabriquent de faux nids d'hirondelles, qui procurent au palais des gourmets les
mêmes sensations agréables que les vrais. Après
tout, cela n'a guère rien d'étonnant, car le talent
d'imitation des Chinois est devenu proverbial en
Occident, où il sert de fonds à une foule d'anec-
dotes tant soit peu gasconnes.

Le troisième mets favori des Chinois, le trépang — ou holothurie — possède avec ses deux
concurrents, les ailerons de requins et les nids

d'hirondelles, le grand avantage d'être d'un prix fort élevé. Aussi là-bas ne recule-t-on devant aucun sacrifice pour se procurer, même pour son pesant d'or, cette exquise nourriture, qui joint à un goût délicat la précieuse qualité d'assurer à ceux qui en mangent une nombreuse postérité.

Je dois avouer que, pour mon compte, malgré les nombreuses cuisines auxquelles j'ai dû m'habituer, je n'ai jamais pu manger en entier un trépang, tant la chair visqueuse de cet animal, qui ressemble à une grosse limace, me répugnait. Cet aphrodisiaque — que le lecteur me permette pour une seule fois d'appeler la chose par son nom — est si recherché sur les côtes de la mer Jaune, qu'il est très difficile d'en trouver maintenant dans ces parages. Ceux que l'on consomme aujourd'hui, dans les grands restaurants de Pékin et de Canton, viennent des pêcheries d'Australie ou des îles Mariannes, ce qui augmente singulièrement leur prix. En outre de la longueur du voyage que les trépangs doivent faire avant d'arriver aux consommateurs, ces animaux sont très difficiles à pêcher. Ils vivent,

en général, sur des roches, à une profondeur
souvent considérable, où les pêcheurs malais
sont seuls capables d'aller les chercher. Pour
faire cette pêche, ils sortent au mois de mai ou
d'avril, dans de petites barques avec de très
longues perches formées de plusieurs pieux qui
s'adaptent les uns dans les autres comme nos
cannes de pêche; la dernière est munie d'un
crochet acéré qui fait l'office de harpon et de
drague. Dès que les yeux exercés du pêcheur
aperçoivent dans les profondeurs de l'eau un
trépang, aussitôt il monte sa canne, et, par un
rapide coup de main, il le détache de son rocher
et l'amène dans le bateau, opérations qui exigent
beaucoup d'habitude, quand il s'agit de distinguer une grosse limace à 30 mètres sous l'eau,
de la détacher et de la harponner à semblable
profondeur, à l'aide d'un mince bambou.

Il faut dire aussi que dans les parages où se
fait la pêche des trépangs, la limpidité de l'eau
et sa surface unie comme une glace aident
singulièrement les pêcheurs. Il me souvient
qu'en explorant une petite baie de la côte japo-
naise, entre Yokohama et Kobé, où le gros

temps nous avait forcés à chercher abri, je fus frappé de distinguer bien nettement son fond de roches, avec ses pics et ses chaînes de montagnes en miniature, toutes couvertes de forêts épaisses d'algues marines. Je pus même apercevoir des petites coquilles que leurs habitants avaient ouvertes à deux battants, pour respirer un peu de soleil. Je saisis une gaffe dans l'espoir de m'approprier quelque parcelle de ce petit monde sous-marin; mais mon étonnement fut grand, lorsque je vis que l'extrémité de cette gaffe, longue de 4 mètres, s'arrêtait bien loin du fond. Piqué par la curiosité, je fis jeter la sonde qui m'apprit que tous ces objets, que je distinguais si nettement, se trouvaient à 32 mètres de profondeur.

CHAPITRE VII

Haï-meun. — Filets et engins de pêche chinois.

La station de pêche maritime la plus importante du bassin de la mer Jaune est à Haï-meun, — la Porte de la mer, — au sud du port de Soua-tao, qui est ouvert au commerce étranger. En outre de la pêche, les habitants de Haïmeun fabriquent aussi tous les appareils dont se servent les pêcheurs jaunes, filets, hameçons et harpons, et sont aussi fort renommés sur toute la côte comme constructeurs de jonques.

Les filets des pêcheurs chinois sont faits absolument de la même manière que ceux employés par leurs collègues d'Occident. Comme eux, ils les font surtout en chanvre; cependant, pour les très grands filets, ils se servent de soie du bombyx sauvage pour les fabriquer, afin de les rendre plus légers et par suite plus maniables. En Europe, les pêcheurs hollandais fabriquent des filets avec des fils de coton, pour ce même but. Avant de jeter un filet neuf à la mer, ses propriétaires le teignent d'une couleur propice. Pour cela faire, ils le trempent d'abord dans une solution d'écorce de palétuvier afin de le préserver de la pourriture, puis dans du sang de porc, pour faire la teinture. Une fois ces opérations terminées, le nouveau filet est étendu sur la grève; on allume des cierges, on brûle des lingots en papier et de l'encens pour appeler sur lui les bénédictions de la reine du ciel. Pour les filets en fils de coton, les opérations et cérémonies sont les mêmes; seulement, au lieu de les tremper dans une solution d'écorce de palétuvier, on les fait macérer dans de l'huile, pour leur donner de la force.

Les harpons et les hameçons sont en fer, les câbles en chanvre, en paille et en bambou. Ces deux dernières matières servent aussi à faire les voiles des bateaux de pêche, les toiles anglaises et américaines, malgré leur bon marché, étant encore trop chères pour les misérables pêcheurs jaunes.

Les pêcheurs emploient six espèces d'embarcations, suivant le genre de pêche à laquelle ils se livrent. Parmi ces types, le plus grand est le ta-tsang, qui exige un équipage de six hommes. Sa forme est celle de toutes les jonques chinoises, une coque à fond plat, dont l'avant et l'arrière sont carrés comme ceux de nos chalands. Le gouvernail, placé à l'arrière dans une espèce de niche ménagée dans la poupe, constitue bien certainement la partie la plus curieuse du ta-tsang et de toutes les jonques. Sa forme est la même que celle des gouvernails de nos chalands de rivière, et il est établi sur l'arrière de la même façon qu'eux; seulement, au lieu d'être formé par une surface pleine, il est percé de trous ronds qui laissent passer l'eau à leur travers et augmentent ainsi son action sur le navire. Puis, à l'aide d'un ingénieux mécanisme de poulies, le gouvernail chinois peut être abaissé ou relevé de façon à varier sa surface immergée, et de la sorte son influence sur le navire. Dans certaines jonques, le gouvernail peut même être descendu au-dessous du fond du navire, faculté qui leur permet, en dépit de leurs formes massives, d'évoluer très rapidement et dans des espaces où nos meilleurs navires ne pourraient tourner. Le ta-tsang est divisé en un certain nombre de compartiments étanches où s'entassent les produits de la pêche, les provisions et les six hommes de l'équipage. Quant à la mâture, elle se compose de deux gros bambous placés l'un au milieu de la jonque, et l'autre tout à fait à l'arrière. Chacun d'eux porte une voile carrée, en feuilles de bambou; ces voiles sont retenues le long des mâts à l'aide de longues lanières de bambou. Pour diminuer l'étendue de la voilure, on laisse descendre la vergue supérieure, et une partie de la voile s'accumule autour de celle inférieure. Comme ces voiles sont en général fort grandes, leur maniement, dans les mauvais temps, n'est guère facile. « Lorsque nous sommes à la mer, me disait un jour un matelot chinois, ou il nous faut marcher moitié moins vite que nous le pourrions, afin de mettre moins de voilure, ou bien il faut nous résoudre à sacrifier cette dernière au moindre coup de vent. »

CHAPITRE VIII

Le blanc-saut et la pêche au falot.

La jonque que je viens de décrire est le plus
grand modèle employé pour la pêche, et ses
dimensions les plus ordinaires sont 17 mètres
de longueur sur 7 de large. Mais ce sont là
seulement des moyens à la portée des aristo-
crates de la mer; les embarcations que montent
le commun des pêcheurs sont beaucoup plus
petites, et par conséquent plus maniables. Parmi
ces dernières, la plus curieuse est bien certainement celle que les indigènes appellent le
blanc-saut, — tiao-paï. C'est une longue chaloupe, tirant fort peu d'eau et munie sur l'un
de ses bords d'une grande planche peinte en
blanc, fixée extérieurement comme le dessus
d'un pupitre, inclinée vers l'eau. Ces embarcations ne sortent que pendant les belles nuits
bien éclairées par la pleine lune; les rayons de
cet astre, reflétés par la surface blanche de la

planche, attirent les poissons qui essayent de l'atteindre en sautant; mais ils tombent presque toujours trop loin, dans la chaloupe où les pêcheurs les saisissent aussitôt.

Sur certaines côtes de l'Occident, à Agde, à Saint-Tropez et dans la baie de Naples, les pêcheurs vont aussi pêcher la nuit; mais, au lieu de la pâle clarté de l'astre de la nuit, ils ont recours à la lumière fumeuse d'une torche de résine, ou d'un pot rempli de goudron que les habitants d'Antibes appellent un *phastier*, d'où le nom de pêche au phastier, sous lequel on désigne cette pêche de nuit, sur tout le littoral français de la Méditerranée. Mais le poisson est seulement attiré près du bateau par le *phastier*, et le pêcheur, aux aguets, doit le harponner au passage. Cet exercice est très fatigant et présente des difficultés telles qu'une longue habitude et une pratique constante peuvent seules permettre de les surmonter.

Avec leurs filets, leurs hameçons, leurs harpons et leurs *blancs-sauts*, les pêcheurs des environs de Soua-tao et de Ning-po font un si grand nombre de victimes que ces dernières risqueraient fort d'avoir été mises à mort sans aucun profit pour personne, si l'industrie chinoise n'avait trouvé d'ingénieux moyens de les transporter bien loin du lieu du supplice, où elles font le régal des mandarins gourmets. Pour permettre aux poissons de supporter d'assez longs voyages, les pêcheurs de Ning-po les conservent dans de la glace; mais, au lieu de faire venir cette glace des régions du nord, ils la confectionnent sur place à l'aide d'un procédé assez compliqué, mais qui n'en fournit pas moins d'excellents résultats en dépit des chaleurs de l'été et de la douceur de l'hiver, dans cette partie du bassin de la mer Jaune.

CHAPITRE IX

La glace jaune.

Les fabriques de glace artificielle de la Chine en sont encore à imiter presque servilement les procédés de la nature, et les faibles connaissances scientifiques des manufactureries jaunes ne leur permettent pas de rivaliser avec leurs collègues de l'Occident, qui produisent du froid à l'aide d'un foyer incandescent, fabriquent de la glace en se servant d'une machine à vapeur. Mais si les fabriques chinoises sont moins extraordinaires que les nôtres, elles occupent cependant beaucoup plus de place qu'elles et leurs produits, s'il faut en croire *les indigènes et les Napolitains* [1], résistent bien plus à la chaleur

---

1. Je dis les Napolitains, parce que nous avons été étonnés de rencontrer chez ces Occidentaux les mêmes idées, au sujet de la glace artificielle, que celles que j'avais prises d'abord pour des préjugés de jaunes. Les Napolitains prétendent, en effet, comme ces derniers, que la glace artificielle fond bien plus facilement que la naturelle ; aussi font-ils mauvais accueil aux

que ceux que nous fabriquons en Occident. Les rizières servent de fabrique; dès que le froid commence à se faire sentir, on les couvre d'une mince couche d'eau, à l'aide de pompes, opération d'autant plus facile qu'elles sont disposées de façon à pouvoir être irriguées facilement. Chaque matin, des coolies cassent la couche de glace qui s'est formée pendant la nuit, la portent dans les glacières et remplissent de nouveau les rizières. Pendant toutes ces opérations, les ouvriers prennent surtout un grand soin d'empêcher les plaques de glace d'être salies par la boue du sol. Quant aux glacières, elles sont construites fort simplement; mais leurs dimensions sont souvent considérables, ce qui n'a rien d'étonnant si l'on songe que le climat de Ning-po est généralement si doux qu'il ne faut guère compter plus d'un hiver sur trois assez rigoureux pour permettre de récolter de la glace. Aussi, pour éviter l'affreuse misère qui accablerait les populations de pêcheurs si, la

magnifiques blocs de glace très pure que leur fournit une fabrique établie récemment à Naples par un habile industriel français, M. Trémant, et préfèrent-ils se servir de la neige comprimée qui leur vient des Apennins, toute mêlée d'impuretés.

glace venant à leur manquer, elles se trouvaient privées du moyen de disposer avantageusement des produits de leur industrie, une loi spéciale à Ning-po oblige tous les propriétaires de glacières à les faire assez vastes pour pouvoir contenir un approvisionnement de trois ans.

La glacière se compose d'un vaste quadrilatère entouré d'épaisses murailles de pierres, maçonnées avec de la boue, qui s'élèvent à 6 ou 7 mètres au-dessus du sol. Les deux faces de ces murailles sont ensuite recouvertes d'une très épaisse couche de mortier fait avec de la boue, et le tout est recouvert d'un épais et léger paillasson formé d'écorces de bambou, supporté lui-même par une charpente aussi de bambou. Le fond de la glacière est bien irrigué par de petites rigoles qui conduisent au dehors l'eau produite par la fonte de la glace ; cette dernière est ensuite entassée par couches séparées les unes des autres par des paillassons en paille, à l'aide d'une ouverture prise dans le toit, que l'on bouche hermétiquement dès que le bâtiment est plein. Une ouverture ménagée dans la muraille, au niveau du sol, sert à extraire la glace au fur et à mesure des besoins. Au printemps, la glace provenant de ces glacières se vend, en gros, sur place, environ 2 francs les 60 kilos; mais en été les prix augmentent avec l'accroissement des demandes et la diminution des réserves disponibles, et les pêcheurs sont quelquefois obligés de la payer jusqu'à 5 francs les 60 kilos.

Dans le nord, à Pékin et à Tien-tsin, on construit aussi-des glacières; mais ces dernières ne devant contenir que la provision nécessaire pour un été de quatre mois au plus, provision que les rigueurs de l'hiver permettent de faire avec de gros blocs, les murs en sont peu épais et uniquement faits de terre bien pilée. Dans certains endroits, le fossé qui bordait autrefois toute l'enceinte de la capitale de l'Empire du Milieu est encore assez bien conservé pour que l'eau s'y accumule pendant la saison des pluies et y gèle pendant l'hiver; c'est là que les glaciers font leurs provisions, et les nombreuses glacières de la ville sont en dehors des murs, près des fossés. Ces dernières, quoique complètement élevées au-dessus du sol, ne conservent pas moins fort bien les blocs pendant les chaleurs d'un été durant lequel le thermomètre se maintient souvent pendant plusieurs semaines dans les environs de 40° au-dessus de zéro. Grâce à elles, les Pékinois peuvent, pendant les jours les plus chauds de l'année, se désaltérer moyennant 1 ou 2 centimes d'une grande tasse de thé glacé, consommé sur le comptoir même d'un marchand ambulant établi sur l'un des trottoirs des grandes voies de la ville.

CHAPITRE X

Le sel jaune.

Après la glace, le produit le plus nécessaire au pêcheur chinois est bien certainement le sel; car, si le premier leur permet de conserver les poissons pendant quelques jours, afin de les mettre à la portée des gourmets qui vivent à une certaine distance des côtes, grâce à l'autre, ils peuvent fournir aux paysans, où qu'ils habitent, un assaisonnement bon marché au riz qui forme la base de leur alimentation. Le procédé de fabrication du sel employé sur les bords de la mer Jaune est, en somme, des plus simples. C'est la vieille méthode de l'évaporation de l'eau de mer à l'aide de la chaleur solaire. Cependant, comme les petites choses forment les grands effets d'ensemble., cette fabrication du sel nous fournira d'utiles renseignements sur les petites industries de la Chine.

Je vais donc m'étendre un peu sur le sujet des marais salins de l'Extrême-Orient.

Chaque atelier se compose d'un vaste terre-plein appelé *terrasse d'inondation,* surmonté d'une autre terrasse, d'une superficie six fois moindre que l'inférieure, et de deux citernes remplies d'eau salée, dont l'une est située à peu de distance des deux terre-pleins, tandis que l'autre est située entre eux. Une fois l'atelier ainsi disposé, et les deux terrasses recouvertes d'une couche de gravier, la plus grande des deux, c'est-à-dire l'inférieure, est remplie d'eau de mer à la marée montante, à l'aide d'une trouée faite dans les digues qui l'entourent. Dès que le flot commence à baisser, la trouée de la digue est bouchée, et l'on attend que le sol de la terrasse ait complètement absorbé l'eau qu'elle contient ; on ramasse alors avec des râteaux le gravier qui la couvre et sur lequel le sel s'est déposé en assez grande quantité. Un peu au-dessus du niveau d'une des citernes, se trouve construit un filtre composé d'une couche épaisse de fagots de bambous. Le gravier qui a été retiré de la terrasse inférieure est entassé

sur ce filtre, au travers duquel on laisse couler
ensuite l'eau de mer qui est fournie par la plus
grande des citernes. Cette eau, après avoir traversé la couche épaisse de gravier salé qui sur-
monte le filtre, est conduite, à l'aide d'un tube
en bambou, dans la plus petite des citernes,
c'est-à-dire celle située entre les deux terre-
pleins. De là, elle est répandue sur la surface
de la seconde terrasse, où elle ne tarde pas à
s'évaporer sous l'influence de la chaleur solaire,
et à déposer sur le fond la grande quantité de
sel qu'elle contient. Ce sel est ensuite employé
par les pêcheurs sans autre préparation.

Deux hommes suffisent pour mettre en œuvre
un marais salant semblable à celui que je viens
de décrire, dont la production moyenne est de
720 kilogrammes de sel en deux jours. Ce résultat permettrait aux ouvriers employés dans
cette industrie de recueillir d'assez gros bénéfices, si le fisc ne venait leur en enlever la
meilleure part. Le commerce du sel constitue,
en effet, en Chine un monopole d'État; aucun
marais salant ne peut être créé sans une per-
mission spéciale de l'autorité qui prélève sur la

production un droit, payable en nature, égal aux 7/10 de cette dernière ; c'est-à-dire que sur chaque 10 kilogrammes de sel recueilli, le producteur doit en verser 7 dans les entrepôts de la gabelle.

CHAPITRE XI

**Les petites industries aquatiques. — La coopération
à la Chine.**

Malheureusement, même avec les grandes
quantités de glace et de sel que les pêcheurs
chinois emploient, ils n'en sont pas moins réduits à vivre au jour le jour, de sorte que, pendant les mauvais temps et la saison durant
laquelle la pêche est moins productive, ils sont
trop souvent menacés de tomber dans la misère
la plus profonde. Aussi, pour rendre ces périodes
de chômage forcé moins pénibles à traverser,
ils emploient leur temps dans de petits métiers,
dont la mer leur fournit aussi les matières premières. Les uns s'en vont sur les grèves recueillir
de grandes quantités de coquillages qu'ils transforment en chaux, à l'aide du procédé de la
calcination. D'aucuns ramassent de grandes
coquilles dont la forme rappelle un peu celle
de nos moules; ils en détachent la partie nacrée,

qu'ils taillent ensuite en petits carrés égaux qui, enchâssés dans de minces baguettes de bois, forment des panneaux semi-transparents qui remplaçaient tant bien que mal nos verres à vitres, avant l'introduction de ces derniers en Chine. D'autres enfin s'en vont dans les régions habitées par les huîtres et autres coquilles du même genre; ils les ouvrent avec habileté, sans blesser leurs habitants, et y glissent de petits objets tels que de petites statuettes de divinités, des caractères chinois découpés dans du bois, etc., etc. Quelques années après, nos pêcheurs recueillent ces coquilles, les ouvrent et trouvent alors les objets qu'ils y avaient glissés faisant corps avec elles, recouverts qu'ils sont d'une couche de nacre qui en reproduit exactement les contours.

Les conditions d'existence des pêcheurs jaunes étant des plus difficiles, même avec la ressource des petits métiers dont je viens de parler, ils ont senti de bonne heure la nécessité de se soutenir les uns les autres en formant des corporations qui sont chargées de défendre leurs droits contre les exigences des rapaces mandarins, et de fournir assistance à ceux des leurs qui sont dans la misère. Les pêcheurs de Haï-meun, près de Soua-tao, se sont constitués en une puissante corporation qui possède un vaste bâtiment où ils se réunissent pour discuter leurs affaires, et pour assister à des représentations théâtrales. Ils ont, là aussi, une pièce où les poissons vendus au poids sont pesés en présence d'un *maître peseur*. En outre, la corporation possède, non loin de son hôtel, un joli temple, où ses membres vont offrir des sacrifices avant de prendre la mer. Devant ce temple s'étend un large terreplein sur lequel on étale les filets neufs pour les consacrer, en brûlant des baguettes parfumées.

Au mois d'octobre 1883, M. J. Duncan Campbell, l'intelligent directeur des douanes maritimes chinoises à Londres, fit une intéressante conférence, dans laquelle il s'exprimait de la sorte au sujet de la situation sociale des pêcheurs chinois : « Sans aucune connaissance en économie politique et des lois qui régissent le capital et le travail, ils sont arrivés, disait-il, à résoudre pratiquement la question de la coopération aux bénéfices, de façon à satisfaire tout le monde. » Cette appréciation, qui concorde parfaitement avec les conclusions du travail que j'ai publié dans l'*Économiste français* sur les associations en Chine, est parfaitement vraie en ce qui touche les grandes agglomérations de pêcheurs qui vivent dans les environs de Souatao. Ces derniers forment, en effet, des sociétés d'ouvriers, dont l'importance est proportionnée aux méthodes de pêche employées. Les plus considérables de ces compagnies sont celles qui emploient les kiao-kou, car chacune d'elles se compose de deux grandes jonques (kiao-kou), montées chacune par quinze hommes, et de quarante-cinq chaloupes qui portent en général trois hommes d'équipage, ce qui fait en tout quarante-sept navires et cent soixante-cinq hommes. Chaque compagnie est dirigée par un chef qui a sous ses ordres un économe, chargé de tenir les comptes de la compagnie et de vendre les produits de la pêche. Quant au système employé pour la répartition des bénéfices, il varie non seulement suivant les localités, mais aussi dans chaque compagnie. Pour en donner une idée au lecteur, je vais rapporter ici un des exemples cités par M. Neumann dans son excellent rapport sur les pêcheries de Soua-tao. D'après cet exemple, les compagnies de kiao-kou, dont je viens de parler, répartissent de la façon suivante chaque 10,000 francs de bénéfices nets : 1,800 francs servent à payer la location des bateaux et des engins de pêche, qui sont toujours fournis par un capitaliste; 250 francs sont destinés à faire des sacrifices religieux; 300 francs représentent le salaire des employés de la compagnie, c'est-à-dire des manœuvres qui n'en font point partie, et 400 francs sont donnés au timonier comme prime; quant aux 7,250 francs restants, ils sont divisés en deux parts, dont l'une revient au capitaine et l'autre est répartie en parts égales entre les hommes de l'équipage.

Dans les compagnies plus petites, qui n'emploient que des chaloupes, le profit est ordinairement divisé en quinze parts égales, dont six reviennent au capitaine et deux à chacun des quatre hommes de l'équipage, tandis qu'une part est destinée aux sacrifices religieux.

Quelquefois les sociétés coopératives de pêche abandonnent une part fort élevée des bénéfices au capitaliste qui fournit le navire. C'est ainsi que quelquefois 80 pour 100 reviennent à ce dernier, 7 pour 100 au chef de la compagnie, 4 pour 100 à son économe, 7 pour 100 à chacune des jonques et 1 pour 100 à chacune des chaloupes. Ces dernières, à leur tour, divisent leur bénéfice en autant de parts égales qu'elles ont d'hommes d'équipage, plus un; et cela parce que le timonier touche toujours deux parts.

CHAPITRE XII

**En eaux douces. — Le faucon à poisson.
Son éducation.**

Jusqu'ici, je me suis surtout occupé des pêcheurs qui vivent sur les côtes maritimes; je vais maintenant parler un peu de leurs collègues d'eau douce. Malgré l'intensité prodigieuse de la vie aquatique des cours d'eau de l'Empire du Milieu, elle est cependant rarement assez intense pour pouvoir entretenir un personnel de pêcheurs dont la seule industrie soit la pêche. Dans la plupart des cas, cette dernière n'est pratiquée que par les ouvriers et les cultivateurs pendant les saisons de chômage, et ils n'emploient dans ce cas que des filets et des hameçons, qui par leur forme rappellent beaucoup ceux qui sont employés par leurs collègues d'Occident. Cependant, dans quelques cours d'eau, les poissons se rencontrent en assez grand nombre pour que la pêche y constitue une industrie lucrative. Alors, en outre des filets et des hameçons, les pêcheurs emploient aussi deux auxiliaires fort utiles qui sont complètement inconnus en Europe. Ces deux auxiliaires sont : la loutre et le cormoran. Le premier, que l'on rencontre surtout dans le cours supérieur du fleuve Bleu, est dressé par les pêcheurs à *rabattre* le poisson dans les filets qu'ils jettent, et il s'acquitte de cette fonction avec autant d'habileté que les meilleurs de nos chiens de chasse qui ramènent le gibier à portée du fusil de leur maître.

Quant au cormoran, il ne se contente pas d'aider son maître; car il fait pour lui toute la besogne. Ce dernier n'a en effet qu'à diriger la longue chaloupe à fond plat qu'il monte. Sur les deux bordages de cette dernière, les cormorans se tiennent perchés jusqu'au moment où sur un signal du batelier ils se jettent à l'eau et commencent leur besogne. Dès qu'ils ont pris un gros poisson ou qu'ils ont rempli leur gosier complètement de petits, ils reviennent se percher sur le bord de la barque où le pêcheur n'a plus qu'à les leur prendre. Souvent, lorsque les cormorans rencontrent un poisson trop gros pour qu'un seul d'entre eux puisse le saisir, ils se réunissent à deux ou à trois pour s'en rendre maîtres et le porter au batelier. Seulement, si la tâche du pêcheur est relativement facile, il ne le doit qu'aux peines infinies qu'il a fallu se donner pour dresser convenablement ces oiseaux. Comme ce dressage constitue la partie la plus instructive de cette pêche, qu'elle est à proprement parler le secret du métier, voici quelques détails à son sujet.

Les Chinois appellent le cormoran Yu-ing, c'est-à-dire faucon à poisson, et ils prétendent que la province du Tché-Kian produit ceux qui sont les plus faciles à dresser. Ils recueillent avec soin les œufs de la première ponte des cormorans femelles, qui a lieu ordinairement au mois de février, et ils les font couver par des poules, le cormoran ayant, disent-ils, un amour maternel fort peu développé. Les jeunes sortent de leurs coquilles, après un mois d'incubation, dans un état de faiblesse telle qu'ils ne peuvent se tenir sur leurs pattes et que la moindre atteinte du froid suffit pour les tuer.

Pour cette raison, ils sont, dès leur naissance, placés dans des paniers garnis de ouate, dont la température est maintenue assez élevée au moyen de la chaleur artificielle. On les y nourrit à l'aide de pilules faites de gousses de haricots et de chair d'anguille finement hachée. Un mois après leur naissance, les jeunes cormorans commencent à se couvrir de plumes, et ils sont alors nourris seulement avec de la chair d'anguille. Enfin, à la fin du second mois, on se met à les nourrir avec des petits poissons qu'on leur jette, sans leur faire subir aucune préparation. A ce moment, ils valent déjà sur le marché 25 francs environ la paire. Dès que les jeunes cormorans ont achevé leur croissance, c'est-à-dire cinq mois environ après leur naissance, on leur attache à la patte une ficelle dont l'autre extrémité est fixée sur un piquet, au bord d'un cours d'eau ou d'un étang. Le dresseur les pousse alors à l'eau avec un bâton, tout en sifflant un air qui devient pour les jeunes animaux le signal « de la mise à l'eau ». Il leur jette alors de petits poissons sur lesquels ils s'élancent avec d'autant plus de voracité que, pendant toute la durée du dressage, on leur donne fort peu de nourriture. Ensuite le dresseur se met à siffler un autre air, qui est pour le cormoran le signal de « la retraite »; et, pour le leur faire comprendre, en même temps qu'il siffle, il tire sur les ficelles qui sont attachées à leurs pattes, ce qui les force à revenir à terre. Après deux ou trois mois de semblables leçons, répétées chaque jour plusieurs fois, on peut commencer à les exercer sur un bateau de la même manière que sur terre : ce n'est qu'après une autre période d'un mois d'exercice sur une embarcation que les jeunes cormorans peuvent pêcher sans le secours de la ficelle. Cependant il existe parmi les cormorans, comme parmi les hommes, des êtres plus ou moins doués. Ainsi il en est qui savent fort bien pêcher avant les deux mois d'entraînement, tandis que d'autres au contraire sont incapable de pêcher, même après cette période, et sont condamnés à aller finir leur existence dans le pot-au-feu du dresseur. Les sujets qui ont achevé leur éducation valent en général 30 à 35 francs la pièce, lorsqu'ils sont mâles, la femelle ayant toujours une moins grande valeur, parce qu'elle est plus faible et pêche par conséquent beaucoup moins vite.

Les cormorans dressés sont employés sur les bateaux. Tous les matins on leur sert un très maigre repas de poissons, et, après qu'ils ont mangé, on entoure la naissance de leur cou d'un collier de chanvre; puis on les fait pêcher pendant toute la durée de la journée, en divisant leur temps en périodes de trois heures de travail, séparées par une heure de repos. Le soir venu, le maître détache les colliers de chanvre de ses employés, et se met à les gaver. Pour cela faire, il introduit de force dans leur bec une poignée de petits poissons, une grosse pilule de gousses de haricots, puïs, une autre poignée de petits poissons, et ainsi de suite, en ayant soin de pousser tout cela dans le gosier de l'animal aussi loin que possible à l'aide de la main.

Les pauvres cormorans ne peuvent malheureusement servir leur maître que pendant un nombre d'années fort restreint; dès leur quatrième année, ils commencent à perdre leur plumage, ce qui annonce le commencement de leur vieillesse, car ils meurent presque toujours avant six ans. Cette mort prématurée tient-elle au régime auquel ils sont condamnés, ou bien vient-elle d'une loi inexorable de la nature qui condamne toute chose utile à n'avoir qu'une existence fort courte? C'est ce qu'il m'a été impossible de savoir; les Chinois, fort peu observateurs de leur nature, n'ayant pu me fournir aucun renseignement au sujet de la longévité des cormorans qui vivent à l'état sauvage.

CINQUIÈME PARTIE

LA CHINE DES VIVEURS

CHAPITRE PREMIER

Monsieur « Ça va bien ». — Bouge cantonnais. — Une fumerie d'opium.

« Na sié houa-tchouan, tsaï na-eur! » (mais où donc sont ces bateaux de fleurs!) crie une voix impatiente, de l'intérieur d'une chaise à porteurs qui file rapidement à travers la foule houleuse des rues étroites de la ville de Canton.

Pour toute réponse à cette demande impérieuse d'explications, un Chinois, qui trotte devant la chaise, répète deux ou trois fois, comme un automate : « Ça va bien, ça va bien ! »

La voix impatiente, vous l'avez peut-être deviné, chers lecteurs, est celle de votre très humble serviteur. Quant à la voix d'automate, c'est celle de mon ting-tchaï, — espèce de courrier. Ce brave homme, haut de six pieds, et d'une maigreur inversement proportionnelle à sa taille, ce qui lui permet de suivre sans trop de fatigue l'allure rapide de mes porteurs, possède une connaissance fort imparfaite de la langue française. Aussi les expressions de son mince vocabulaire se font-elles en général remarquer par leur brièveté, et surtout par l'emploi fréquent qu'il en fait. C'est ainsi que chaque fois que je lui adresse la parole, il répond invariablement : « Ça va bien. » Il a si souvent recours à cette locution qu'il lui arrive même plus d'une fois de l'employer dans un sens tout à fait singulier, et comme équivalent de *ça va mal.*

Comme j'ai eu maintes fois l'occasion de juger des innombrables sentiments que mon ting-tchaï exprime à l'aide de la seule phrase : « Ça va bien », sa réponse ne me rassure nullement. Je suis sorti de chez moi ; j'ai abandonné ma vie calme et mes bouquins, seulement poussé par le désir de voir, par moi-même, ces fameux bateaux de fleurs, — houa-tchouan en chinois, — ces paradis de Mahomet des prosaïques Chinois.

Depuis près d'une heure, je suis dans ma chaise. Les rues succèdent aux rues; déjà nous avons laissé bien loin derrière nous les portes de la ville officielle où résident les grands mandarins. Cependant plus nous avançons, et plus les rues deviennent sales; les maisons se font pauvres d'apparence et leurs habitants sont à l'unisson. Toute cette misère qui m'entoure, et qui s'en va croissante, me fait craindre que mon ting-tchaï n'ait mal compris mes ordres. Je lui ai dit de me conduire à ce que je crois être la rue Chabanais de Canton, et le chemin que je suis a tout l'air de me conduire dans quelque bouge digne de nos boulevards extérieurs, un pendant de nos bibis enfin. C'est cette supposition qui fut la cause de cette question impatiente et de la réponse vague que je viens de rapporter.

Nous voici arrivés sur le bord de la rivière, bien en aval de la concession étrangère de Chamin. Ici point de quai; les maisons, des taudis où s'entassent pêle-mêle hommes, femmes et enfants, bordent le fleuve et lui forment un cadre bien peu digne de son nom de rivière des Perles. De temps en temps une rue perpendiculaire au cours d'eau arrive jusqu'à lui et forme un embarcadère où se placent les sampans de louage, pour y attendre la pratique.

C'est sur un de ces embarcadères que mes porteurs déposent ma chaise. J'en descends, et après avoir de nouveau obtenu de mon ting-tchaï l'assurance *que tout allait bien*, je me laisse guider par lui.

Nous cheminons quelque temps à travers une suite de passages qui servent de dégagements à l'entassement d'habitations qui bordent l'eau.

Nous ne sommes plus sur la voie publique, et je suis très heureux de ce changement. Ici nous avons franchi le mur de la vie privée. Les portes ne sont plus fermées; hommes et femmes se livrent tranquillement à leurs occupations et à leurs penchants, sans s'occuper des rares passants qui sont tous des voisins. Ma présence même ne gêne personne.

Là, c'est une scène napolitaine : une mère

qui tient tendrement sur ses genoux la tête de
son enfant, et chasse, à travers son épaisse chevelure, les bêtes qui peuplent ces régions incultes. Plus loin, c'est une scène de Londres qui
frappe mes yeux : deux matelots chinois, tout de
noir habillés, fument en buvant de cette eau-
de-vie de grain qui vous brûle le gosier. Tout
cela rappelle l'Europe ; c'est le tableau des
mêmes vices et leur même cortège de funestes
conséquences. Enfin, tout près de la rivière, une
porte, entre-bâillée celle-là, me laisse voir une
scène vraiment chinoise.

Une pièce basse, garnie en son pourtour de
lits de repos qui rappellent bien plus nos lits
de camp que les moelleux sofas des Orientaux ;
sur ces sofas, un seul homme est accroupi, en
chien de fusil, comme on dit, sur le côté droit ;
dans sa main, il tient encore une pipe au gros
tuyau de bambou, garni à son extrémité d'un
chapeau en terre cuite, dont la forme rappelle
celle d'un champignon. Près de lui, une petite
lampe à esprit-de-vin enfermée dans un globe
de verre percé à son sommet d'une ouverture
ronde ; une petite boîte, contenant une matière

pâteuse comme du mastic; et, enfin, un étui rempli de longues épingles d'acier.

L'odeur fade et pénétrante qui envahit l'air m'indique que j'ai devant moi une *fumerie d'opium*, — lieu de débauche qui n'a point encore d'équivalent chez nous. La physionomie hébétée du seul personnage du tableau que je viens de voir montre qu'il est déjà sous l'influence du narcotique.

Puisque je suis sorti spécialement pour étudier un des quartiers généraux des viveurs jaunes, la fumerie d'opium rentre évidemment dans mon programme. Je veux entrer. Mon ting-tchaï, cette fois, — c'est la première depuis quatre mois que je l'ai à mon service, — ne trouve pas que ça *va bien*. Il me fait observer que les fumeurs d'opium sont comme les ivrognes : il y en a qui ont *l'opium bon* et d'autres qui l'ont *mauvais*. Si le fumeur que je vois compte dans cette dernière catégorie, ma vue pourra réveiller en lui la haine du diable étranger qui repose dans le cœur de tout bon sujet du Fils du Ciel, et ce sentiment, considérablement *revu et augmenté* par les fumées de l'opium, pourra fort bien lui donner l'idée de débarrasser la terre de ma présence. Aussi, mon ting-tchaï appelle à son aide les expressions les plus énergiques de son vocabulaire français, — il a appris cette langue à bord d'un navire qui faisait la traite à Macao, — pour me dissuader de mettre mon désir à exécution :

— *Eux, sales cochons !* plus savoir la politesse ! me dit-il.

Cette phrase est débitée avec un accent si typique que je ne puis résister à son discours, et j'abandonne la visite projetée.

CHAPITRE II

Nous descendons au bord de la rivière. Une passerelle en bois nous conduit à une *rue aquatique*, formée par l'avant de grands bateaux à mandarins rangés les uns contre les autres, comme une file de soldats. Ces bateaux sont les trop fameux bateaux de fleurs ; je vais donc décrire l'aménagement de ces cages avant de parler des oiseaux de passage qu'elles renferment.

Figurez-vous un de ces chalands, aux formes carrées et massives, que l'on voit circuler sur nos rivières et nos canaux ! Voilà la base flottante sur laquelle repose le Paradis des Cantonnais. Sur ce pont s'élève un pavillon, bien chinois de forme, qui l'occupe en entier, à l'exception de l'avant et de l'arrière ; ceux-ci servent, l'un de cuisine, l'autre à former le passage dont je viens de parler. Mais que ce mot de passage ne fasse point naître dans votre esprit, chers lecteurs, un rapprochement quelconque entre le passage des Princes et le *passage des bateaux de fleurs* à Canton. Ici, d'abord, point d'abri contre le vent ni la pluie. Il a plu la veille; une boue noire mêlée de chiffons, d'écorces de melons d'eau, de têtes de poissons, d'os de poulet et de canard, de tous les détritus, restes d'une orgie jaune, encombre le chemin.

C'est à grand'peine que je m'avance sur ce terrain en planches. J'avais craint que ma vertu ne fût exposée, dans ce lieu de délices qui jouit d'une renommée universelle, à des chutes regrettables. Quel désappointement! Mon pied seul et ma tête sont exposés au danger, tout physique celui-là, de se heurter contre quelque poutre malencontreuse ou à un contact un peu rude avec le plancher, car il est difficile de garder son équilibre sur ce chemin inégal, rendu glissant par la boue et les détritus.

Tout en cheminant, j'examine ces lieux de délices connus du monde entier. Vraiment, pour des coins de paradis, ils sont bien peu luxueux, et surtout très déserts. Tous sont vides, et dans un seul j'aperçois deux indigènes assis autour d'une table. Ils dégustent une tasse de thé tout en devisant sur un sujet qui ne doit point briller par la gaieté, à voir leur mine sérieuse et presque préoccupée.

Cependant, je continue ma visite par acquit de conscience, car les bateaux se suivent et se ressemblent tous. Une vraie rue de Rivoli, moins la propreté et l'élégance. Une chambre largement ouverte du côté du passage; une façade ornée d'une devanture en bois brun artistement fouillé et qui représente toujours le même fouillis de feuillages extraordinaires, de *fruits de l'imagination* chinoise, de Boudhas ventrus et de dieux de la longévité au front en pyramide prodigieusement développé; çà et là un personnage ou un bouquet doré relèvent la monotonie de ces devantures artistiques dont un petit nombre, complètement dorées à neuf, étincellent d'une façon criarde, comme le faste d'un parvenu.

Dans la pièce d'entrée de chaque bateau, aucune trace d'ameublement. Point de glaces pour refléter les beautés des déesses du lieu, point de tentures sombres pour faire ressortir leurs trésors plastiques. Seulement, sur la cloison du fond, percée de deux portes, quelques rouleaux ornés de fleurs peintes ou même de sentences morales de Confucius. La présence de ces dernières ne m'étonne guère. Depuis que j'ai vu la statue de Napoléon Ier trôner fièrement au milieu des bosquets de *Cremorn Garden*, le Mabille de la blonde Albion, je suis convaincu que la bizarrerie du vice est un champ qui n'a point de limites. Au-dessous des sages avis du père de la philosophie jaune, une simple table en bois rouge, et quelques fauteuils aussi peu luxueux.

J'eus beau aller et venir à travers le dédale de passages qui forment la ville flottante de Canton, il me fut impossible d'apercevoir un joli minois ou même une bonbonnière qui pût lui servir de cage, et je rentrai chez moi tout à fait bredouille. Heureusement j'avais à dîner le soir un joyeux compagnon, mandarin de mes amis, que je désignerai sous l'initiale tout européenne de X.... Tout en savourant les excellentes anguilles fumées de Vampoa, je racontai à ce bon vivant mon excursion manquée. Il s'en amusa fort, puis, à la fin du dîner, sous la bonne impression du cidre américain, que l'on débite en Chine sous le nom de champagne, à 3 francs la bouteille, il me proposa, pour me consoler, de me servir de pilote dans le monde des sirènes jaunes.

Sa proposition fut acceptée avec enthousiasme, et à peine nos cigares allumés, nous montions en chaise.

CHAPITRE III

Un chapitre interdit aux jeunes filles. — Encore les bateaux de fleurs. — C'est la nuit!

Depuis longtemps déjà les portes de la *ville officielle* étaient fermées pour le commun des mortels, mais elles s'ouvrirent, comme par enchantement, dès que les veilleurs aperçurent de loin les deux grosses lanternes rondes en papier huilé des porteurs qui précédaient la chaise de mon ami. Sur ces deux lanternes étaient écrits, en gros caractères rouges, ses titres et fonctions.

Dès qu'il fait nuit, les rues de Canton deviennent solitaires. Notre cortège file rapidement au milieu du dédale des faubourg. En avant, les deux porteurs de lanternes de mon ami; six soldats sur trois rangs ayant pour armes des fouets; la chaise de mon ami avec ses trois porteurs; puis, à quelques pas en arrière, mes deux lanternes à moi; un autre peloton de soldats, et enfin ma chaise, qui ferme la marche.

Cette longue file indienne s'avance rapidement dans le silence et l'obscurité de la nuit, troublés seulement par la respiration haletante des porteurs et la lumière blanche des lanternes qui se balancent en suivant la cadence de la marche. Le tout forme un tableau étrangement diabolique, une descente aux enfers du peuple chinois.

Avec cela, les rues se font de plus en plus désertes. Point de passants, de chaises encore moins. Seulement, de temps à autre, nous croisons une grappe humaine qui chemine lentement le long des murs. Ce sont des femmes. La première, une vieille à la physionomie ridée, conduit la marche. Les autres, toutes aveugles, vrai chapelet de douleurs, suivent ce conducteur, la main droite appuyée sur l'épaule de celle qui la précède. Les unes portent avec elles une guitare, d'autres un violon ou une cithare. Ces musiciennes se rendent dans les maisons où leur infirmité est plus particulièrement recherchée, parce qu'on n'a point en elles de gênants témoins oculaires. Toutes ces pauvres déshéritées de la nature sont des victimes de l'inconduite de leurs parents, et elles-mêmes servent d'instruments inconscients à d'autres inconduites : fruit né du vice, qui sert à son tour à engendrer le vice !

Nous voici revenus à la rue des bateaux de fleurs. Elle est bien transformée, et j'ai peine à reconnaître, dans ces bateaux pleins de bruit et de lumières, les tristes jonques que j'ai vues dans l'après-midi. Décidément, rien n'est plus laid que le quartier général des viveurs sous la clarté de l'astre du jour. Cela est vrai dans tous les pays. Au grand jour, ces lieux de plaisir ont quelque chose de triste et de fatigué, et la vague odeur de lendemain d'une fête qui s'en dégage suffirait seule à vous dégoûter des orgies.

Nous faisons quelques pas dans la rue flottante. Cette fois, les bateaux sont habités, et leurs habitants ont pris la précaution de dresser, entre eux et le dehors, le mur inviolable de la vie privée. Seulement, ce mur est trop fragile pour arrêter le son ; et, çà et là, à travers ses fissures, se glisse un rayon de lumière, juste assez pour se guider, mais insuffisant pour montrer les laideurs du chemin.

Bientôt nous rencontrons un des serviteurs du mandarin X...., qui l'a envoyé en avant pour retenir un bateau, car chacun ne peut donner asile qu'à une seule société. Il nous mène à celui qu'il a préparé à notre intention. Nous entrons. J'ai peine à reconnaître, tout d'abord, une de ces pièces sales et sombres que j'ai vues le matin. Deux lustres de lampes à pétrole, — importation américaine, — répandent un flot de clarté. Sur les murs, d'innombrables petits miroirs, aux formes bizarres, se renvoient l'un à l'autre la lumière, après l'avoir considérablement augmentée. Puis l'ameublement s'est transformé.

Il y a, paraît-il, dans ces établissements, deux espèces de meubles, ceux de jour pour les vrais gourmets qui viennent y savourer des nids d'hirondelles ou des holothuries, arrosés d'eau-de-vie à quatre sous; ils ne peuvent plus, en général, satisfaire qu'un de leurs penchants, le seul qui survive à tous les autres, la gourmandise; pour ceux-là, les frais de mobilier sont inutiles; la cuisine et son cordon bleu jouent le premier rôle.

Les meubles de nuit ont un rôle plus important; les viveurs qui s'en servent sont des amateurs exigeants de bonne chère et de bien d'autres choses. Il leur faut d'abord la protection du mur de la vie privée; puis des sièges confortables qui facilitent l'extase de l'opium; une orgie de lumières qui réjouisse leurs sens et leur permette de tout voir; de la musique pour charmer leur ouïe, et enfin un cabinet *très particulier* qui leur permette, en cas de besoin, les douceurs d'un tête-à-tête.

Pour toutes ces raisons, un bateau de fleurs vu de nuit ne ressemble guère à ce qu'il est vu de jour. Autant l'un est triste, solitaire, autant l'autre est rempli de bruit et de mouvement.

A peine entré, ce qui me frappe, c'est que les deux fauteuils sont remplacés par deux sofas, et sur la table qui les sépare, il y a tout le petit nécessaire d'un fumeur d'opium : pipes, lampes, aiguilles. Une collation, qui rappelle un peu la *zakouska* des Russes, nous attend. Il y a là, amoncelées dans des assiettes, des pyramides de fruits confits, dattes, oranges, prunes, des poires tapées, des pêches séchées,

des tranches d'œufs pourris à l'aspect noir,
repoussant, mais dont le goût est excellent. A
côté, des soucoupes remplies de pépins de
citrouilles, de li-tchi desséchés. Voilà le menu
de la partie solide de notre souper. Quant à la
partie liquide, elle est formée d'abord par le
thé, qui y joue le rôle de notre mâcon ordinaire;
puis, comme extra, de l'eau-de-vie de riz par-
fumée à la rose et du champagne sec.

CHAPITRE IV

Musique jaune. — Apportez les pipes! — Déesses chinoises.

Nous nous mettons à table, à la romaine, couchés sur les sofas. Deux jeunes filles aveugles viennent s'asseoir sur deux tabourets, à l'autre extrémité de la pièce. L'une tient une guitare fort semblable à la nôtre, moins la sonorité, car sa boîte harmonique n'est formée que d'une épaisse planche de sapin, et ses cordes sont en soie. L'autre chante en s'accompagnant sur un violon, — je ne l'appelle ainsi que parce que par le son il ressemble beaucoup à cet instrument. Quant à la construction, elle est bien différente. Un tube creux en bambou, long de 10 centimètres et d'un diamètre moitié moindre, dont l'une des extrémités est bouchée par un morceau de peau de requin bien tendue ; voilà la caisse harmonique. Sur ce tambour en miniature est fixé, perpendiculairement à sa longueur, un bâton rond, d'un demi-mètre : voilà le manche. A son extrémité supérieure, ce manche rustique est percé de trois trous, en file indienne, dans lesquels s'enfoncent trois chevilles qui retiennent les trois cordes en boyaux de l'instrument; l'autre extrémité de ces dernières est fixée sous la caisse, après avoir traversé la surface en peau de requin dont elle est séparée par un chevalet minuscule formé d'un morceau d'allumette.

Comme ensemble, cette production des Stradivarius jaunes ressemble bien plus à une grande cuillère de bois qu'à un instrument de musique.

Quant à l'archet qui fait chanter ce violon chinois, il est aussi simple que ce dernier. C'est un petit arc de 50 centimètres de longueur, dont la corde est formée d'une vingtaine de crins. Ordinairement, il fait corps avec le violon, dont les cordes passent au travers des crins.

Une fois assises, les pauvres aveugles, — peut-être deux de celles dont nous avons croisé les funèbres cortèges en venant, — commencent leur concert. Le rythme de l'air qu'elles jouent est monotone; le timbre de la guitare est sourd, tandis que le violon est plutôt criard. Mais ce qu'il y a de plus vraiment chinois dans tout cela, c'est la voix de la chanteuse : une voix nasillarde qui se maintient toujours dans les tons élevés. En l'entendant, on croit assister aux exercices d'un ventriloque. Et cependant, les Chinois goûtent fort cette façon d'émettre la voix, et pour eux, apprendre à chanter, c'est s'exercer à produire cette voix de ventriloque.

Deux heures après notre entrée dans le bateau de fleurs, X.... avait tout à fait jeté par-dessus les moulins son calme mandarinique. Le champagne, la chaleur et le bruit avaient exercé leur influence sur son cerveau. A notre arrivée, je l'avais prié de ne point se gêner et de fumer tranquillement une pipe d'opium, si le cœur lui en disait. Cette proposition avait été reçue presque avec colère. Lui qui était la sobriété même, comment pouvais-je avoir l'idée de lui tenir un pareil langage ! Maintenant, les vapeurs du champagne avaient bien modifié ses idées. Il se fit apporter pour un taël (7 fr. 50) d'opium et se mit à fumer. De mon côté, pour le mettre à son aise, je me fis apporter une de ces pipes en

bronze, au fourneau grand comme un dé d'enfant, et dont la fumée ne vous arrive qu'après
avoir traversé un réservoir d'eau froide.

Mais ces deux pipes firent entrer en scène
deux nouveaux personnages. *Apportez les pipes,*
dans le jargon des bateaux de fleurs, correspond
au légendaire « envoyez langoustes » d'un trop
joyeux préfet du second empire. Les deux pipes
nous furent apportées, non par le garçon qui
nous servait, mais par deux jeunes déesses,
venues d'un de ces établissements que la police
aussi bien que la morale chinoise tolèrent fort
bien.

Vous allez peut-être trouver, chers lecteurs,
que l'apparition des déesses se fait d'une façon
fort brutale, tout à fait à la chinoise. Mais
détrompez-vous, la luxure jaune sait fort bien
sauver les apparences jusqu'aux dernières limites.
Les deux jeunes filles forment les compléments
presque indispensables des pipes. Pour l'opium,
ce sont elles qui prennent, à l'aide d'une longue
épingle, une petite boule d'opium grosse comme
un grain de millet dans le paquet, qui chauffent
cette petite boule, en la tournant lentement, sur

la lampe à alcool, et enfin qui la déposent dans le fourneau de la pipe, où le fumeur la consomme en une ou deux bouffées.

Pour le tabac, c'est à peu de chose près le même travail. La jeune fille bourre d'une petite boule de tabac, qu'elle forme avec ses doigts, le fourneau microscopique, terminé par un long tube qui s'enfonce dans le réservoir à eau. Puis, elle allume avec une baguette de papier, et en une bouffée tout le résultat de son travail est évaporé en fumée. Alors elle retire le fourneau, souffle dedans pour en faire sortir la cendre, et recommence à bourrer. Tout cela se fait si rapidement que leur besogne est loin d'être une sinécure et, sans elles, il serait impossible de savourer, en même temps, un bon souper et une bonne pipe, tant cette dernière donne de travail pour son entretien.

Pendant que nous fumons et mangeons, les deux musiciennes continuent leur concert. Leur physionomie reste impassible. Le bruit de leurs instruments les empêche d'entendre une conversation digne d'un corps de garde; leurs yeux, clos pour toujours à la lumière, ne voient point les poses plus ou moins risquées d'un groupe formé par X.... et *son allumeuse de pipes*, etc.

L'opium aidant, la plus grande intimité ne tarde pas à s'établir entre ces deux personnages ; c'est un échange délicieux d'agaceries à la chinoise que tout bon sujet du Fils du Ciel a appris par cœur dans des albums *ad hoc*, où les gravures sont si expressives qu'elles n'ont point besoin de commentaire. La galanterie jaune est, comme la philosophie de même couleur, une chose immuable, conservée avec respect par des générations successives d'hommes qui croiraient commettre un sacrilège s'ils y changeaient quoi que ce soit. Seulement, la philosophie a un père, *Confucius*, tandis que les Chinois pourraient appliquer à la galanterie ce que Voltaire a dit des beaux-arts et des maux que Vénus distribue avec tant de largesse parmi ses adorateurs : *on ignore quel en a été l'inventeur*.

X...., qui parle un anglais fort pittoresque, autant d'accent que d'expressions, me prend à témoin de la gentillesse de son partenaire.

— Quelle charmante *machine* bien vivante !

Je conclus de cette exclamation que l'opium donne de l'animation, même à un mannequin habillé.

Plus il fume et plus son enthousiasme s'accroît.

— Quel teint ! Quelle bouche !

La figure est une vraie façade de plâtre, tant elle est couverte de poudre de riz. La bouche est une raie rouge tracée au carmin sur une devanture blafarde.

Du train où il va, il finira bien certainement par trouver d'adorables petits petons dans ces moignons informes, semblables au bout d'une jambe de bois, qui sont les pieds d'une élégante chinoise. Mais avant qu'il en arrive là, sa déesse l'entraîne dans la pièce du fond où se trouve sans doute son autel, et où les profanes comme moi ne sont point admis. Tirons un voile sur le rituel de ce culte universel, et, quoi qu'en dise Boileau, n'essayons point d'exposer dans un récit ce qu'on ne doit pas voir.

La pièce où je me trouve maintenant en tête-à-tête avec une pipe et son complément indis-

pensable, est remplie d'une odeur âcre produite
par l'horrible mélange de la fumée huileuse du
tabac chinois et de l'opium. Il y fait étouffant :
aussi, sans plus de cérémonies, je soulève une
planche de la porte pour respirer un peu d'air
frais.

Un magnifique clair de lune éclaire toute la
ville des bateaux de fleurs, maintenant remplie
de bruit. Je m'avance dans l'allée, et j'arrive à
son extrémité. Là, la rivière des Perles coule
heureuse à l'air libre, tandis que la lune étend
sur ses flots son éventail d'argent. Sur la rive
opposée, le faubourg de Ho-nam est plongé dans
le sommeil et l'obscurité ; en amont et en aval,
même silence et même obscurité. Seuls, deux
fanaux, l'un rouge et l'autre vert, indiquent le
chenal où passent les grands vapeurs. Je reste
là à baigner mes sens un peu fatigués dans la
fraîcheur d'une nuit tropicale, puis je retourne
prendre mon ami.

La troisième veille, — minuit, — est sonnée
par les gongs de tous les corps de garde de
la ville. Au moment où se fait entendre cet
appel sonore du bronze, il se produit un peu

d'animation dans la rue des bateaux de fleurs; des consciences expirantes donnent encore à leurs propriétaires le courage de s'arracher aux délices de Capoue, pour rentrer au logis avant qu'il soit demain.

Un ivrogne trébuchant heurte, dans sa marche chancelante, un jeune lettré, gommeux aux ongles renfermés dans de longs étuis d'argent. Furieux de cet accident, dont lui seul est l'auteur, le trop fervent disciple de Bacchus se met à injurier l'élégant, sans souci pour l'attitude dédaigneuse de ce dernier. L'attaque devint bientôt si vive, les termes si peu respectueux, que notre gommeux, en dépit de son flegme de lettré, finit par menacer l'insolent et par lui répondre sur le même ton. Cette scène mit fin à ma promenade; les deux querelleurs bouchaient le passage, ce qui me força, bon gré mal gré, d'écouter leurs invectives.

Au reste, je n'eus point à me repentir de cet arrêt forcé; l'injure, malgré sa grossièreté, dépeint mieux le caractère et les mœurs d'un peuple que les plus beaux monuments de sa littérature nationale. On y retrouve, dans toute sa nudité, le tempérament d'une populace, ses préjugés, et même jusqu'à ses vertus. Quoi de plus riche que le vocabulaire des poissardes napolitaines, de plus lourdaud que celui des *drivers* de Londres!

CHAPITRE V

Un peu de philosophie. — Un éventail à deux fins.

Tout en rejoignant le bateau où j'ai laissé
mon ami en adoration devant sa décsse, je me
dis que la scène dont je viens d'être témoin
suffit bien à peindre le caractère des pacifiques
sujets du Fils du Ciel que l'on croit des peureux,
simplement parce qu'ils ont horreur de la lutte
sous toutes ses formes.

Que de fois ai-je entendu, pendant mes pro-
menades solitaires, dans les rues de Pékin et de
Canton, des gens du peuple, irrités l'un contre
l'autre, se jetant à la face les plus sales épithètes !
Et cependant jamais je n'ai assisté à une scène de
pugilat ; bien mieux, je n'ai même jamais vu
un jaune administrer une correction à un de ses
semblables. Au besoin, il perdra une heure,
comme l'élégant en question, à se dessécher le
gosier à crier, à se creuser le cerveau pour y
trouver les expressions les plus abjectes ; quant

à user de ses poings ou de ses pieds, en guise d'arguments, il n'y songera jamais.

Dans le bateau de fleurs, je retrouve X... et son..... allumeuse de pipes formant un groupe charmant, preuve patente qu'une grande intimité s'est établie entre eux; lui à moitié couché sur le sofa, elle assise sur ses genoux, la tête appuyée sur son épaule.

La donzelle, qui a sans doute goûté aussi au champagne, est beaucoup plus gaie qu'à ma sortie. La présence d'un *diable aux poils rouges* (traduisez : mon honorable personne) ne l'effarouche plus. Elle tient dans la main un éventail en papier, orné de scènes d'intérieur, genre Téniers, qu'elle manie avec toute la grâce d'une Andalouse. Voilà qu'à un moment elle ferme son éventail, le rouvre rapidement et me le présente, en riant d'avance de mon étonnement. Au lieu des innocentes scènes de Téniers, j'y vois maintenant une suite de scènes terriblement *schoking*.

Dès que l'effet a été produit, elle referme son éventail, l'ouvre de nouveau, et je vois réapparaître les scènes patriarcales que j'avais vues tout d'abord.

La déesse, après m'avoir étonné, se montre bonne princesse ; elle me tend son éventail afin que je puisse l'examiner à mon aise. C'est un éventail fait comme les autres. Seulement la partie en papier ne se développe jamais en entier. Si on l'ouvre de droite à gauche, la partie non développée est celle des dessins légers ; si on l'ouvre au contraire de gauche à droite, ces derniers s'étalent au grand jour, et ce sont les scènes patriarcales qui sont réléguées dans l'ombre. Tout cela est fort bien fait, et il est difficile, non seulement de deviner le truc, mais même, une fois qu'il est connu, de le comprendre et de l'expliquer. Voilà pourquoi la description que je viens de donner brille par son peu de clarté. *Ce que l'on ne conçoit pas bien ne s'énonce pas clairement.*

En somme, il s'agit d'un éventail qui permet, à l'aide d'un coup de pouce, de transformer les charmantes peintures qui l'ornent en des scènes pornographiques sorties de l'imagination d'un jaune, ce qui n'est pas peu dire.

L'impression générale que me laissa ma visite aux bateaux de fleurs fut une déception.

*

Un restaurant de nuit, avec ses orgies féminines, est le même partout, sur la rivière des Perles ou sur le boulevard des Italiens.

Le vice aussi reste lui-même sur toute la surface de la terre; horrible à la clarté de l'astre du jour, il ne peut vivre et prospérer qu'entouré des ombres épaisses de la nuit, qui lui permettent d'attirer ses victimes, grâce à l'éternelle attraction que l'inconnu exerce sur le cœur de l'homme.

FIN

TABLE DES MATIÈRES

QUATRIÈME PARTIE

LA CHINE DES POISSONS

CINQUIÈME PARTIE

LA CHINE DES VIVEURS

FIN DE LA TABLE DES MATIÈRES

Paris. — Imp. de l'Art. E. Ménard et J. Augry, 41, rue de la Victoire.